_____ 님의 소중한 미래를 위해
이 책을 드립니다.

최고의 성장주
로봇 산업에
투자하라

거스를 수 없는 주식 투자 빅트렌드, 로봇

최고의 성장주
로봇 산업에
투자하라

양승윤 지음

메이트북스

메이트북스 우리는 책이 독자를 위한 것임을 잊지 않는다.
우리는 독자의 꿈을 사랑하고,
그 꿈이 실현될 수 있는 도구를 세상에 내놓는다.

최고의 성장주 로봇 산업에 투자하라

초판 1쇄 발행 2024년 4월 3일 | 지은이 양승윤
펴낸곳 (주)원앤원콘텐츠그룹 | 펴낸이 강현규·정영훈
편집 안정연·최주연 | 디자인 최선희
마케팅 김형진·이선미·정채훈 | 경영지원 최향숙
등록번호 제301-2006-001호 | 등록일자 2013년 5월 24일
주소 04607 서울시 중구 다산로 139 랜더스빌딩 5층 | 전화 (02)2234-7117
팩스 (02)2234-1086 | 홈페이지 matebooks.co.kr | 이메일 khg0109@hanmail.net
값 18,000원 | ISBN 979-11-6002-431-9 03320

인공지능은 인류가 만들어 내야 할
마지막 발명이다.

• 닉 보스트롬(옥스퍼드대학교 인류미래연구소장) •

사람을 닮은 로봇,
그곳에 미래가 있다!

한국 주식 시장은 여느 국가의 주식 시장보다도 더 대응하기가 어렵다는 이야기를 종종 듣는다. 돈의 흐름이 변화에 매우 기민하고 빠르게 반응하는 것처럼 보이는데, 어쩌면 주식 시장이 한국인의 성향을 반영하는 것일지도 모르겠다.

　세상이 하루 아침에 천지개벽하듯 변하는 일은 없겠지만, 여러 산업을 분석하고 지켜보고 있으면 변화의 흐름이 점점 빠르고 거세지고 있다는 느낌을 지울 수 없다. 그동안은 그저 먼 미래의 기술로만 여겨졌던 것들이 우리의 평범한 일상 속으로 서서히 들어오기 시작했기 때문이다.

이 책에서 다룰 로봇 산업도 마찬가지이다. 코로나 이후 음식점에 방문하면 서빙 로봇이 열심히 테이블 사이를 지나다니며 음식을 전달하는 모습을 종종 볼 수 있다. 신기하게만 보였던 서빙 로봇이 점점 더 늘어나고 사람들도 적응해가는 모습을 보면서 '로봇 산업에 무언가 변화가 일고 있구나' 하는 생각을 하게 되었다. 이러한 생각이 발단이 되어 로봇 산업을 분석해 보고서를 써보기로 마음먹었던 기억이 난다.

나는 기계 공학이나 전기전자 공학 등을 배운 공학도가 아니다. 정치외교학을 공부한 문과생이다. 따라서 로봇 기술을 연구하고 개발해내는 일은 엄두도 낼 수 없지만, 로봇 산업이 산업 측면에서 어떻게 변화하고 있는지, 투자의 관점에서 어떻게 접근하면 좋을지 설명할 자신은 있다.

로봇은 어렸을 때부터 장난감이나 애니메이션으로 쉽게 접할 수 있었던 만큼 우리에게 매우 친숙한 존재이다. 하지만 이 로봇이 일상 속으로 다가온다고 하면 겁이 나기도 하고, 기술을 잘 몰라 투자의 아이디어로 삼는 일도 어렵게 느낄 수 있다. 하지만 너무 어렵게 생각하지 않아도 된다.

로봇은 보면 볼수록 사람과 매우 맞닿아 있는 존재라는 생각이 든다. 로봇을 이해하는 데 기술적인 지식도 물론 중요하지만, 결국 로봇의 모든 것은 인간의 관점에서 생각할 수밖에 없기 때문이다. 로봇의 형태나 로봇이 동작하는 구조 등 로봇을 형성하는 많은 것들이 인간을 참고하고 있다. 앞으로 로봇이 활용될 곳 또한 기존에 인간이 하던 작업들일 것이다.

이 책에서 길게 설명하고 있지만 전달하는 메시지는 간단하다. 로봇의 존재 이유는 인간의 일을 대신 하는 것이고, 이것을 가능하게 만들기 위해 여러 첨단 과학 기술을 개발하고 적용하는 노력을 한다는 것이다.

최근 들어 로봇 산업이 다시 한 번 뜨거운 관심을 받기 시작한 이유가 있다. 코로나 이후 베이비붐 세대들이 은퇴하면서 노동력이 부족해졌고, 특히 한국에서는 저출산 고령화 문제로 인해 생산 가능 인구가 급격하게 줄어들 것이라는 비관적인 전망이 난무했다. 또한 지정학적 불안감의 확대 및 공급망 재편 등으로 새로운 공장들이 들어서기도 했다. 이러한 이유로 로봇에 대한 수요가 증가하고 있는 것이다.

이와 동시에 인공지능 등 기술적인 발전이 뒷받침해주면서 로봇 기술이 아닌 로봇 '산업'으로서 본격 태동하게 되었다. 그와 더불어 사업의 기회, 투자의 기회 등 다수의 새로운 기회들이 만들어지고 있는 것이다.

이제 막 걸음마를 떼고 걷기 시작한 로봇 산업에 투자하는 것이 조금 이르다고 생각될지도 모르겠다. 하지만 로봇이 우리의 일상 속

지은이의 말

으로 더욱 깊게 들어와 공존하는 세상이 오기까지 그리 긴 시간이 남아 있지 않다. 투자 성과를 내기 원한다면 이 변화의 흐름에 대한 공부가 반드시 필요하다.

나는 아직 애널리스트로서 주식 시장에 다양한 글과 메시지를 전하기 시작한 지 몇 년이 채 지나지 않은 새내기이다. 그럼에도 이 책을 쓰기 위해 펜을 잡은 이유는 투자자들에게 조금이라도 도움이 되고 싶었기 때문이다.

로봇 연구 개발과 보급을 위해 노력하시는 모든 분들과, 로봇 산업에 관심을 갖고 찾아봐주신 독자분들에게 이 책을 바친다.

양승윤

우리는 왜 지금 로봇에
투자해야 할까?

당연한 이야기이지만, 투자자들의 관심은 언제나 높은 기대 수익에 쏠리기 마련이다. 그래서 그들은 새로운 기회가 펼쳐지는 분야를 찾아 모험에 나서는데, 안타깝게도 그러한 기회에 다가서는 일은 결코 쉽지 않다.

이 책에서 이야기할 '로봇' 분야는 현재 투자 시장에서 가장 많은 관심을 받고 있는 산업 분야 중 하나이다. 로봇이라는 존재는, 인류가 오래전부터 첨단 기술, 미래 사회, 꿈 등 다양한 기대감을 투영해 온 만큼 꽤나 친숙하다.

한편으로는 로봇 산업은 복잡하고 어려운 기술 관련 이야기로 가득 차 있어, 투자자의 관점에서 도대체 어떻게 접근하면 좋을지 알기가 쉽지 않은 산업이기도 하다.

로봇 산업이 머지않아 반도체와 자동차 산업과 같이 인류의 핵심 산업이 되리라는 시각에 많은 이들이 공감할 것이다. 사회적으로 로봇의 필요성이 커지고 있는 가운데, 기술의 발전으로 로봇이 과거에 비해 더욱 쓸모 있어졌고, 산업의 성숙으로 로봇의 가격이 하락해 도입에 대한 부담도 낮아지고 있기 때문이다.

동시에 대기업들이 로봇 사업에 뛰어들면서 본격적인 시장 창출에 대한 기대가 커지고 있다. 이를 뒷받침해주는 정부 차원의 정책적 지원도 활발하게 이루어지고 있는 상황이다.

이런 점들을 고려해보면, 앞으로 로봇 시장이 커질 수밖에 없다는 확신을 갖게 된다. 머나먼 미래로만 여겼던 로봇이 우리 일상으로 빠르게 다가오고 있는 것이다.

누구보다도 예민하고 빠르게 반응하는 투자 시장은 일찌감치 로봇 산업을 둘러싼 변화의 흐름에 주목하기 시작했다. 이것이 바로 시장에 참여하고 있는 투자자라면 반드시 로봇 산업에 관심을 두어야 하는 이유이다.

이 책은 로봇 산업에 투자하고 싶은 예비 투자자들을 위해 썼다. 현재 로봇 산업의 흐름을 쉽게 이해하고, 투자에 대한 큰 그림을 그리는 데 확실한 도움을 얻을 수 있을 것이다. 이 책에서는 기술에 대한 이야기는 최소한으로 하고, 로봇 산업이 지니는 본질을 찬찬히 설명했다. 따라서 어떤 리포트에서보다 쉽게 로봇 산업을 배우고 이해할 수 있을 것이다.

사람과 밀접한 관계를 가질 수밖에 없고, 우리가 살아가는 사회의 흐름에 발 맞추어 성장하는 로봇 산업! 지금부터 로봇 산업에 대한 흥미로운 스터디를 시작해보자.

차례

1장

변화하는 로봇 패러다임, 투자의 시간이 왔다

1장

- 주식 시장의 최대 화두, 로봇 산업
- 로봇이란 무엇인가?
- 현실과 기대 사이
- 수요자 중심의 시장으로 변화하다
- 공장 밖으로 나오는 로봇
- 빠르게 다가오는 휴머노이드 세상

변화하는
로봇 패러다임,
투자의 시간이 왔다

지난 2023년 한국의 로봇 관련 종목들의 시가 총액 합계는 1년 만에 무려 127% 증가했다. 기대감 중심의 강한 상승세였다고 치부할 수도 있겠지만, 로봇 산업에 나타난 변화가 만들어낸 기대감이 반영되었다고도 볼 수 있을 것이다. 공장에서나 찾아볼 수 있던 로봇들을 이제 일상생활에서도 쉽게 찾아볼 수 있게 되었고, 휴머노이드 같은 첨단 로봇의 개발도 가속화되고 있는 실정이다. 여전히 로봇 기술은 완벽하지 않지만, 예전과 다르게 현실과 기대 사이의 괴리가 점차 좁아지고 있다.

로봇 산업은 우리의 일상이 로봇과 공존하는 세상이 되어갈수록 투자 관점으로 테마주 차원을 넘어 반드시 눈여겨봐야 할 산업임에 틀림없다.

로봇이 기능, 용도, 형태에 따라 다양하게 분류될 수 있다는 점은, 로봇의 활용성과 성장 가능성이 무궁무진하다는 뜻으로도 이해할 수 있다.

신기하기만 했던 로봇이라는 존재는, 이제 '와우 효과(Wow Effect)'를 넘어서 그 이상의 가치를 만들어내야 할 중요한 시점에 서 있다.

로봇 시장은 로봇의 수요자들에게 더욱 다양하고 친절한 선택지를 제공하는 등 보다 성숙한 모습으로 변화하고 있다.

앞으로 로봇 시장이 빠르게 커지기 위해서는 제조부터 서비스에 이르기까지 다양한 로봇 어플리케이션이 확대되어야 한다.

그동안은 로봇의 기술적 발전을 추구하는 데 초점이 맞추어져 있었다면, 이제는 로봇을 사용하는 수요자 관점이 대두되기 시작했다.

이제는 로봇이 정말로 필요하다! 로봇 개발자들도 '멋진' 로봇 기술을 추구하는 것이 아니라, '실용적인' 로봇 기술을 추구하기 시작했다!

주식 시장의 최대 화두,
로봇 산업

국내 주식 시장에서 로봇 산업에 대한 열풍이 불고 있다. 아직 기대감 중심의 시장인 만큼 높은 변동성을 피할 수 없지만, 인류가 맞이할 미래가 '로봇과 공존하는 세상'일 것임은 거부할 수 없는 사실이다. 주식 시장은 이 미래에 베팅하기 시작한 것이다.

　　　　　　　로봇 산업은 지난 2022년부터 2023년까지 한국 주식 시장에서 가장 많은 관심을 받은 미래 성장 산업 분야 중 하나이다. 국내 로봇 관련 종목의 시가 총액 합계는 2022년에 8% 증가했고, 2023년에 127% 증가했다. 2023년 한 해 동안 국내 코스닥 시장의 시가 총액이 37% 증가한 것을 보면, 로봇 산업에 얼마나 많은 관심이 쏟아졌는지 가늠해볼 수 있다.

　지난 2년에 걸친 로봇 관련 종목들의 주가 상승 흐름은 기업들의 펀더멘털이나 실적이 뒷받침된 것이라고 보기는 힘들다. 그보다는

로봇 종목의 시가 총액 합계 및 코스닥 시가 총액 추이

출처: 퀀티와이즈(QuantiWise), 유진투자증권

로봇 관련 기업의 시가 총액은 지난 2년 사이 2배 이상 늘어났다. 기업의 펀더멘털보다는 '시장에 대한 기대감'이 강세를 주도한 것으로 보인다. 그러나 그 기대감을 단순히 일시적인 것으로 치부하기는 어렵다. 로봇 산업의 본격 개화를 암시하는 여러 호재가 이런 기대감을 만든 것이기 때문이다.

로봇 산업의 성장에 대한 기대감과 모멘텀에 기반한 상승이었던 것으로 판단된다.

2022년에는 로봇 산업의 성장 방향성이 뚜렷해지면서 투자자들의 눈이 쏠리기 시작했다. 2023년에는 삼성전자를 비롯한 국내 대기업들이 본격적으로 로봇 사업에 뛰어들면서 시장 확대에 대한 기대감이 부풀어 올랐다. 바로 이러한 점들이 강한 주가 상승 흐름을 견인했다.

해외와 비교해보아도 한국 로봇 기업들의 주가 상승세는 압도적인 강세를 보였던 것을 확인할 수 있다. 2023년 연간 상승률 기준, 각 국가별 로봇 기업 시총 합계의 변화는 미국 +43%, 중국 -11%,

국가별 로봇 기업 시총 합계 변동

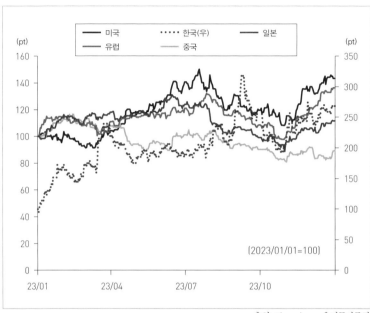

출처: Bloomberg, 유진투자증권

한국 로봇 기업의 시총 합계만 우축으로 빼서 봐야 할 정도로, 글로벌 여타 국가와 주식 시장에서 감지되는 로봇 산업에 대한 관심도는 큰 차이가 나타나고 있다.

유럽 +36%, 일본 +11%였으니, 한국이 100% 이상의 상승률을 기록한 것과 사뭇 다른 분위기인 것을 확인해볼 수 있다.

물론 로봇 산업은 단기 관점에서 여전히 높은 변동성을 피할 수 없을 것이다. 그러나 우리의 일상이 로봇과 공존하는 세상이 되어갈수록 투자 관점으로 반드시 눈여겨봐야 할 산업임에 틀림없다.

로봇 기업의 신규 상장

주식 시장에서 로봇 산업에 대한 관심이 커지면서, 상장을 시도하는 로봇 기업들도 점차 늘고 있다. 2022년에는 차세대 산업용 로봇인 협동 로봇을 제조하는 뉴로메카와 로봇 핵심 부품인 감속기를 제조하는 에스비비테크가 각각 코스닥 시장에 신규로 상장했다.

2023년에는 협동 로봇 기업인 두산로보틱스가 국내 로봇 전문 기업으로는 처음으로 코스피 시장에서 상장을 달성했다. 앞으로도 다양한 로봇 기업이 상장을 앞두고 있는 만큼 투자자들의 선택지는 점차 다양해질 것이다.

개별 종목뿐 아니라, 복수의 로봇 종목으로 구성된 ETF(Exchange Traded Fund, 상장 지수 펀드)도 연이어 탄생하고 있다. 주식 시장에서 로봇 산업에 투자하고 싶지만, 어떤 종목에 투자해야 할지 고민이 되는 투자자에게 로봇 ETF 투자는 또 하나의 매력적인 선택지가 될 수 있다.

로봇이란
무엇인가?

로봇을 무엇이라고 정의할 수 있을까? 아직까지 로봇에 대한 통일된 정의는 없다. 로봇이라는 존재를 단편적인 정의에 꿰맞추는 것도 어렵다. 로봇이 지니는 무궁무진한 성장성을 한 줄로 정리하는 것은 불가능하기 때문이다.

로봇 산업에 대한 투자 이야기를 본격적으로 하기에 앞서, 로봇이란 무엇인지를 먼저 알아보자. 로봇을 무엇이라고 정의할 수 있을까?

로봇이라고 하면 당신은 어떤 것이 떠오르는가? 아마 SF 영화나 애니메이션, 공상 과학 소설에서 묘사된 모습을 흔히 떠올릴 것이다. 사람의 형태를 지니고 인간과 동등하거나 인간의 수준을 초월하는 지능과 신체 능력을 갖춘 첨단 기계 같은 것 말이다. 로봇은 이처럼 우리 인간의 상상력을 자극하는 존재이기에 그 개념과 정의 또한 통일되지 않고 불명확하다. 그래서 로봇을 이해하는 일은 생각보다

흔히 떠올리는 로봇의 이미지

로봇이라는 단어를 들었을 때 떠올리는 이미지는 대부분 우리가 어릴 적부터 많이 접해
온 애니메이션이나 영화에 나오는 로봇의 모습일 것이다. 현실의 로봇과는 상당히 괴리
가 있다.

어렵다. 실제로 국가와 학회, 기관별로 로봇에 대해서는 다양한 정
의가 존재한다.

로봇의 기능에 따른 정의

대표적으로 ISO(국제표준화기구)는 ISO 8373:2021에서 로봇을 '이
동 또는 조작, 위치 결정을 수행하기 위해 프로그래밍된 기구'로 정
의한다. 또한 IEEE(전기·전자공학자협회)는 로봇을 '실세계에서 환경을

인지하고 계산과 판단을 실시해 행동을 수행하는 자율적인 기계'로 정의한다.

ISO에서는 아직 로봇을 프로그래밍, 즉 사전에 지시된 작업을 수행하는 수동적인 존재로 표현하고 있지만, IEEE는 자율성을 갖춘 기계로 칭하고 있다는 점에 차이가 있다.

ISO와 IEEE는 동작 방식에 기반해 로봇을 정의하고 있다. 그런 한편 미국의 브리태니커 백과사전(Britannica Encyclopædia)은 로봇을 '사람의 노력을 대체하는 자동 기계'라고 정의한다. 다시 말해 '사람의 노력을 대체한다'는 로봇의 존재 이유에 대한 내용까지 포함한 것이다.

'로봇'이라는 단어는 1921년 체코슬로바키아의 희곡 〈로숨 유니버설 로봇(R.U.R: Rossum's Universal Robots)〉에서 처음으로 사용되었는데, 체코어의 Robota(강제적 노동 또는 노예)와 슬로바키아어의 Robotnik(노동자)에서 유래된 조어이다.

로봇의 어원에서도 알 수 있듯이 인간은 아주 오래전부터 로봇이라는 존재에 인간의 작업과 노동을 대체 또는 보완해주는 역할을 바라왔다. 로봇의 존재 이유가 인간의 업무를 대체하고 보완해주는 것이라면, 결국 로봇은 인간과 유사하거나 인간을 뛰어넘는 능력을 갖추고 다양한 작업을 수행할 수 있어야 한다.

따라서 기능적인 측면에서는, IEEE가 정의한 것처럼 인지와 판단, 수행의 기능을 자율적으로 수행하는 존재가 바로 로봇이라고 보는 것이 가장 합리적이다.

　다만 이와 같은 광범위한 정의는 또 다른 혼란을 야기한다. 도로와 물체를 인식하고(인지) 자율적으로 주행 경로를 설정해(판단) 주행하는(행동) 자율주행 자동차도 이러한 광범위한 틀에서는 로봇에 포함될 수 있기 때문이다.

다양한 분류와 다양한 활용성

　로봇 시장에서는 로봇을 용도에 따라 산업용 로봇(또는 제조 로봇)과 서비스 로봇으로 구분하고 있다. 산업용 로봇은 제조 현장에서 활용되는 로봇, 서비스 로봇은 산업용 로봇을 제외한 모든 유형의 로봇을 말한다. 서비스 로봇에는 물류 로봇, 청소 로봇, 수술 로봇, 가사 로봇, 조리 로봇 등 다양한 유형의 로봇이 포함된다.

　최근에는 로봇 기술이 발전하면서 하나의 로봇 유형이 제조 용도로 활용되기도 하고, 서비스 용도로 활용되기도 하는 등 용도에 따른 로봇 구분에 혼동이 생기기 시작했다.

　앞으로 로봇은 용도에 따라서뿐 아니라 로봇 팔, 보행 로봇, 휴머노이드 등과 같이 형태에 따라서도 구분될 수 있을 것이다. 왜냐하면 앞으로 로봇을 활용하는 어플리케이션은 매우 다양해질 것이고, 현재 단일 목적의 작업을 수행하는 로봇이 점차 범용성을 띠게 될

HW 형태를 바탕으로 구분하게될 로봇

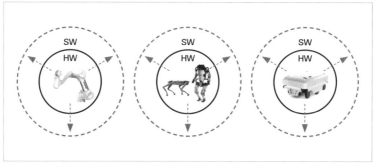

출처: 유진투자증권

우리는 그동안 로봇을 너무 좁은 시각에 갇혀 바라보고 있었던 것일지도 모르겠다. SW 기술의 발전에 따라 로봇의 역할은 무궁무진하게 확장될 것이고, 로봇에 대한 구분 또한 가장 본질적인 로봇의 하드웨어 형태에 따라 구분하여 로봇의 확장성을 담아낼 수 있어 야 한다.

두산로보틱스가 지향하는 Motion Platform Company

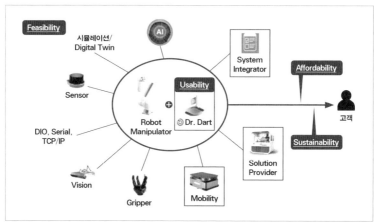

출처: 두산로보틱스

국내 협동 로봇 대표기업인 두산로보틱스는 앞으로의 동사 비즈니스 모델으로 'Motion Platform Company'를 지향하고 있다. 협동 로봇이라고 하는 로봇 팔을 바탕으로 다양 한 SW와 HW 부속품 등을 결합하여 고객이 필요로 하는 모션에 대한 솔루션 제공하는 것이 목표다. 협동 로봇을 단순히 산업용 로봇이라는 테두리에 가두는 것이 아니라, 협 동 로봇에 내재된 확장성을 최대한으로 끌어내는 사업 모델을 추구하겠다는 뜻으로 해 석해볼 수 있다.

것이기 때문이다. 로봇 팔 등 하드웨어적인 형태에 따라 1차적으로 구분하고, AI 등 소프트웨어 적용을 통해 확장되는 어플리케이션에 따라 구분하는 미래를 예상해볼 수 있다.

이처럼 로봇을 정의하고 설명하는 데는 다양한 기준을 적용할 수 있고, 로봇이라는 존재를 단편적인 정의에 꿰맞추는 일은 굉장히 어렵다. 하지만 로봇이 기능, 용도, 형태에 따라 다양하게 분류될 수 있다는 점은, 바꾸어 말하면 로봇의 활용성과 성장 가능성이 무궁무진하다는 뜻으로도 이해할 수 있다.

앞으로 로봇 시장이 커지면 로봇에 대한 설명이 더욱 복잡해지겠지만, 가장 핵심이 되는 3가지 요소만 기억한다면 로봇에 대한 접근이 한층 더 쉬워질 것이다. 첫 번째는 로봇은 인간을 돕기 위한 존재라는 것, 두 번째는 자율적으로 작업 수행이 가능하다는 것, 세 번째는 용도가 제한이 없고 범용적으로 활용 가능하다는 것이다.

현실과
기대 사이

로봇의 역사는 아주 오래전부터 시작되었다. 인류는 늘 첨단 로봇을 꿈꿔왔지만, 기술의 장벽에 부딪혀 수없이 많은 좌절을 경험했다. 꿈은 계속 꾸어야 하지만, 현실에서 쓸모가 있는 로봇을 추구하는 일도 중요하다는 것을 깨닫기 시작했다.

로봇은 오래전부터 인간의 삶을 더욱 윤택하고 편리하게 만들어줄 존재로서 많은 주목을 받아왔다. 하지만 대부분의 로봇이 진정한 변화와 혁신을 끌어내지 못하고 그저 일시적인 관심을 일으키는 데 그치면서 많은 아쉬움을 남겼다.

로봇에 대한 기대감은 늘 현실이라는 벽에 부딪혔다. 그만큼 로봇 시장의 부흥에는 늘 의문의 꼬리표가 따라다닐 수밖에 없었다.

인간이 로봇에 관심을 갖기 시작한 것은 아주 오래전으로 거슬러 올라간다. 17~18세기에 유럽과 일본에서 유행한 자동 기계 인형(오토마타, 카라쿠리 인형)이 로봇의 시초로 알려져 있으며, 그보다 앞서 레오나르도 다빈치의 로봇 설계도가 발견되기도 했다.

인류가 본격적으로 로봇을 활용하는 시대를 맞이한 것은 1960년
대 미국에서였다. 산업용 로봇으로 최초 개발된 유니메이트(Unimate)
가 미국 GM 공장에 도입된 것이다.

보급 초창기에 산업용 로봇은 인간의 단순 반복 작업을 대체하며
주목받기 시작했다. 인간은 여기에 만족하지 않았다. 시간이 갈수록
더욱 뛰어난 로봇을 원했다.

반복된 실패와 변화

1997년 일본의 자동차 회사 혼다(Honda)가 인간의 형태를 닮은 휴
머노이드(humanoid) 로봇 P3를 공개하면서 첨단 로봇의 개발 경쟁
시대가 막을 올렸다. 이후 한국의 휴보와 일본의 아시모 등 첨단 휴
머노이드가 연달아 출시되었다. 이로써 첨단 로봇의 시대가 열릴 것
이라는 기대감이 높아졌다.

하지만 안타깝게도 당시 휴머노이드의 기능은 사람들이 요구하는
수준에 미치지 못했다. 기술적으로는 진일보했지만 막상 현실에 적
용하자니 가격도 비싸고, 기능도 제한적이었다. 결국 기대감을 현실
로 바꾸지 못한 휴머노이드 개발 열풍은 점차 식어갔다.

휴머노이드와 마찬가지로, 수많은 소셜 로봇이 사람과의 교감 기

로봇의 역사

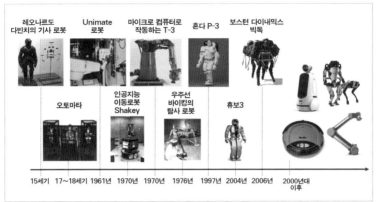

출처: 유진투자증권

로봇의 오랜 역사 속에서 인류는 언제나 첨단 기술을 추구해왔다. 최근 한 가지 변화가 있다면, 이제는 단순히 기술만을 추구하기보다 조금 더 실용적인 것을 추구하기 시작했다는 점이다.

능을 앞세워 우후죽순으로 출시되었지만 제한된 기능과 비싼 가격 때문에 대부분 역사 속으로 사라졌다.

2011년 일본 후쿠시마 원자력 발전소 폭발 사고 당시에는 재난 로봇이 투입되었다. 그러나 이 재난 로봇도 임무 수행 능력이 부족해 별다른 성과를 거두지 못하면서 또 한 번의 실망감을 자아냈다. 이처럼 과거 로봇의 실패 사례는 셀 수 없이 많다.

이러한 역사를 거치면서 현재는 오히려 전통적인 산업용 로봇과, 청소기 로봇 등 단순하지만 명확한 활용 가치를 지닌 로봇 유형으로 관심이 이동하고 있는 추세이다.

현실적인 접근으로 나아가다

로봇이 우리의 삶에 정착하지 못한 이유는 무엇일까? 크게 3가지를 꼽을 수 있다. 첫째, 기술 수준이 인간의 기대 및 요구 수준에 미치지 못했기 때문이다. 둘째, 비용 대비 효과가 크지 않았기 때문이다. 셋째, 우리에게 진정으로 필요한 기능과 서비스가 아니었기 때문이다.

신기하기만 했던 로봇이라는 존재는, 이제 '와우 효과(Wow Effect)'를 넘어서 그 이상의 가치를 만들어내야 할 시점에 서 있다. 다행히도 이제 인류는 과거를 반성하며 로봇에 대해 조금 더 현실적인 접근을 시도하기 시작했다.

수요자 중심의
시장으로 변화하다

로봇 산업이 커지기 위해서는 기술 중심, 제조 기업 중심의 시장에서 수요자 중심 시장으로의 전환이 이루어져야 한다. 최근 로봇 시장이 소비자들의 니즈에 귀를 기울이기 시작한 것은 괄목할 만한 변화이다.

얼핏 보면 로봇은 아직 기대감이라는 굴레에서 벗어나지 못한 것처럼 보인다. 그럼에도 우리가 미래에 펼쳐질 로봇 산업에 계속해서 기대하는 이유는 로봇 시장에서 변화의 조짐이 나타나고 있기 때문이다.

그동안은 기술적 발전을 추구하는 데 초점이 맞추어져 있었다면, 이제는 로봇을 사용하는 수요자 관점이 대두되기 시작했다. 아무리 기술이 좋아도 쓰이지 않는다면 그 가치와 의미가 퇴색되기 마련이다. 기술이 널리 쓰이기 위해서는 반드시 수요자의 니즈(needs, 요구 사항)를 충족시켜야 한다.

어떻게 로봇을 구할 수 있을까?

로봇을 활용하려고 할 때 발생하는 가장 큰 어려움이 무엇일까? 로봇을 잘 알고 있는 사람이라면 도입해 활용하는 데 어려움이 없을 것이다. 그러나 세상에는 로봇을 어떻게 사용해야 하는지 아는 사람보다 모르는 사람이 훨씬 더 많다.

로봇 가격이 대당 수천만 원에서 수억 원 수준으로 굉장히 비싼 만큼 도입에 대한 부담감 또한 클 수밖에 없다. 도대체 어디서 로봇을 구할 수 있는지 정보조차 알기 쉽지 않고, 막상 도입해도 어떻게 써야 할지 모르는 일이 태반이다.

이러한 한계점을 극복하고 로봇을 일반적인 가전제품처럼 쉽게 사용할 수 있게 만들어야 로봇 산업이 확대될 수 있다. 다행히도 변화의 움직임이 나타나기 시작했다. 한국의 빅웨이브로보틱스라고 하는 벤처기업은 이러한 문제점에서 착안해 로봇 자동화 추천 플랫폼 서비스인 '마이로봇솔루션'이라는 폴랫폼을 제공하고 있다. 쉽게 말해 로봇 이커머스로도 볼 수 있는데, 마이로봇솔루션이라는 웹사이트에 다양한 로봇 제품이 전시되어 제품 정보와 가격 등을 공개할 뿐만 아니라, 필요시에는 도입에 대한 컨설팅부터 사후관리까지 토탈 로봇 솔루션을 제공해 수요자들의 로봇 도입에 대한 부담을 크게 낮추고 있다. 앞으로 이러한 서비스가 더욱 확대되고 보급되어갈 것으로 예상된다.

접근성을 높이기 위한 노력

최근 로봇 시장에서 사람들이 주목하고 있는 키워드가 있다. 그것은 바로 RaaS(Robotics as a Service)로, 흔히 로봇 구독 모델로 알려졌다. RaaS는 로봇 하드웨어 본체와 주변 기기의 구매부터 유지 및 보수 관리, 클라우드 등 로봇 활용에 필요한 각종 IT 인프라까지 로봇 도입에 필요한 A to Z를 제공하는 통합 서비스이다.

RaaS는 월 단위 또는 일 단위로 원하는 기간만큼 서비스를 제공받을 수 있어 로봇을 처음 접하는 수요자도 쉽게 활용할 수 있게 도와주는 혁신적인 서비스이다.

한국에서도 이미 여러 기업이 관련 서비스를 출시해 제공하고 있다. 식당에서 사용되는 서빙 로봇의 경우 한 달에 몇십만 원의 비용으로 부담 없이 도입해 사용할 수 있는 수준까지 왔다.

이와 더불어 로봇 보험, 중고 로봇 거래 플랫폼, 로봇 이커머스 등 다양한 부가 서비스가 출시되기도 했다. 사용자가 로봇을 쉽게 사용할 수 있게 UI/UX에 신경 쓰는 모습도 하나둘 보인다.

이처럼 로봇 시장은 수요자들에게 더욱 다양하고 친절한 선택지를 제공하는 등 보다 성숙한 모습으로 변화하고 있다.

공장 밖으로
나오는 로봇

서비스 로봇은 산업용 로봇과 비교해 난이도 차이가 하늘과 땅 차이만큼이나 크다. 서비스 로봇의 활용 범위가 넓은 만큼, 다양한 어플리케이션이 개발되어야 하기 때문이다. 기업들은 이제 로봇을 활용해 어떤 서비스를 제공할 수 있을지 고민에 빠지기 시작했다.

지금까지 로봇 시장은 공장에서 활용된 산업용 로봇 시장을 중심으로 확대되어 왔다. 하지만 최근의 로봇에 대한 수요는 제조 현장뿐 아니라 각종 서비스 현장에서도 발생되고 있다.

앞으로는 서비스 로봇 분야의 높은 성장 잠재력에 기대가 집중될 것이다. 로봇 시장이 빠르게 커지기 위해서는 제조부터 서비스까지 다양한 로봇 어플리케이션이 확대되어야 한다.

산업용 로봇과 서비스 로봇의 가장 큰 차이점은 '그 로봇에게 유연성이 있느냐, 없느냐'이다. 산업용 로봇은 공장이라는 정형화된 공간에서 단순 반복 작업을 수행한다. 이와 다르게 서비스 로봇은 인간에게 서비스를 제공하기 위해 인간과 물리적 또는 정신적인 상호작용을 해야 한다. 또한 서비스 로봇은 수많은 사람과 물건이 복잡하게 배치되어 있는 환경에서 활동하므로 변화무쌍한 환경에서 유연하게 대처할 수 있는 능력 또한 필요하다.

같은 로봇, 다른 쓰임

아직까지는 로봇 기술이 우리 인간의 일상생활이나 다양한 서비스 현장에 바로 적용해 써볼 수 있을 만큼 기능적인 뒷받침을 이루

제조 현장과 서비스 현장을 아우르는 협동 로봇

출처: 유진투자증권

사진 속의 로봇은 한국 두산로보틱스의 협동 로봇이다. 협동 로봇은 산업용 로봇의 일종이지만, 단순히 제조 현장에만 쓰이는 것이 아니라 서비스 현장에서도 활용되고 있다.

었다고 보기는 어렵다. 하지만 인류는 기술적 한계에 부딪혀 좌절하지 않았다.

인류는 좌절하는 대신 똑같은 로봇을 다른 방식으로 사용할 수 없을지를 고민하기 시작했다. 산업용 로봇의 일종인 협동 로봇을 제조 현장에서만 활용하는 것이 아니라, 박스를 적재하는 물류 로봇으로 사용하거나, 치킨을 튀기거나 커피를 내려주는 조리 로봇으로 활용하는 것처럼 말이다. 이는 마치 스마트폰에 어떤 어플리케이션을 다운받아 사용하는지에 따라 그 활용성이 크게 달라지는 것과 비슷하다.

로봇의 보급 속도

산업용 로봇, 청소기 로봇, 수술 로봇의 보급 속도는 어떻게 달랐을까? 청소기 로봇이 가장 빠르고, 그다음이 수술 로봇이고, 그다음이 산업용 로봇 순이었던 것으로 추정된다.

로봇이 단일한 목적을 지녔거나(청소기 로봇), 사회적 수용성을 확보하기 위한 시간은 걸리지만 단일 시스템으로서 보급이 용이한 로봇일수록(수술 로봇) 보급 속도가 빨랐다. 오히려 사람의 팔과 유사한 기능을 가진 전통 산업용 로봇이나 협동 로봇은 일정 기간 동안 용도 모색기를 갖거나 도입 정체기를 겪었다.

산업용 로봇의 보급 역사

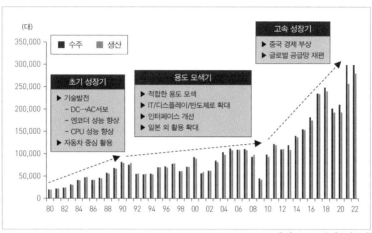

출처: JARA, 유진투자증권

초창기에는 산업용 로봇이 자동차 산업에서 주로 활용되어왔지만, 기술 개발과 새로운 용도 모색을 통해 점차 IT/디스플레이/반도체 등 다양한 산업으로 보급 확대가 이루어져 왔다.

로봇이 개발되기만 하면 하루 아침에 필요한 곳에 적용될 수 있을 거라고 생각한다면, 그것은 너무 과한 기대이다. 새로운 곳에 로봇을 적용해 그에 맞는 로봇 어플리케이션을 개발하는 일은 결코 쉽지 않기 때문이다.

다만 현 시점에서는 로봇을 어떤 서비스에 적용해볼지 다각도로 고민하는 기업들이 생겨나기 시작했다는 점만큼은 매우 고무적이라고 생각할 수 있다.

빠르게 다가오는
휴머노이드 세상

많은 기업들이 휴머노이드 개발에 열을 올리고 있다. 2000년대 초반, 처음 휴머노이드 부흥기를 맞이했을 때와 다른 점은 그동안 인류가 차곡차곡 기술력을 축적해왔다는 것이다. 이제 정말 휴머노이드 시장이 올 수도 있겠다는 기대를 가져보아도 좋겠다.

지금까지 인류 사회에 성공적으로 보급되었던 서비스 로봇은 청소 로봇, 수술 로봇 등 특정 목적에 맞추어 설계된 로봇 유형이 주를 이루었다. 그런데 인간이 로봇에 요구하는 기능은 훨씬 다양하고 그러한 다양한 기능을 수행하기 위해서는 각 목적대로 개별 로봇을 개발해 적용해야 하는데, 지금까지의 방식으로는 현실적인 어려움이 있다.

이런 이유로 결국 로봇 시장은 다양한 작업을 범용적으로 수행할 수 있는 로봇에 관심을 가질 수밖에 없다. 궁극적으로 인간과 닮은 휴머노이드의 필요성이 확대될 가능성이 큰 것이다.

휴머노이드에 대한 찬성과 반대

로봇 업계에서는 '휴머노이드가 반드시 필요할까?'에 대한 갑론을박이 펼쳐지고 있다.

휴머노이드의 필요성에 의문을 갖는 이들은, 인간이 요구하는 작업을 수행하는 데는 굳이 사람처럼 생긴 팔과 다리, 손이 없는 로봇으로도 충분한 성과를 얻어낼 수 있다는 점을 이야기한다. 또한 인간의 형태를 한 로봇에 대한 심리적 불편함과 효율성에 대해 문제를 제기한다.

그런 한편 휴머노이드를 옹호하는 이들은, 인간이 살아가는 공간에서 인간이 할 수 있는 작업을 수행할 때 가장 최적화된 형태는 결국 인간의 몸일 수밖에 없다고 주장한다. 그렇기 때문에 휴머노이드는 성공할 수밖에 없다고 말이다. 이 2가지 논리가 정면으로 충돌하고 있다.

정답은 없지만, 시장은 돌고 돌아 다시 휴머노이드 개발에 열중하고 있는 모습이다. 로봇의 하드웨어 기술과 더불어 로봇의 지능을 담당하는 인공지능 기술이 빠르게 발전하면서, 이제는 진짜 휴머노이드를 개발할 수 있겠다는 믿음이 생겨서일까? 글로벌 전기차 시장에서 선두를 달리는 테슬라(Tesla)가 어느 날 갑자기 휴머노이드를 개발하겠다고 손을 들었다.

주요 휴머노이드 개발 현황

로봇명	Atlas	Digit	Phoenix	Apollo	Optimus	Figure	H1	GR-1	Reem-C	Cyberone	T-HR3	EVE
제조사	Boston Dynamics	Agility Robotics	Sanctuary AI	Apptronik	Tesla	Figure	Unitree	Fourier	PAL Robotics	Xiaomi	Toyota	1X
국가	미국	미국	캐나다	미국	미국	미국	중국	중국	스페인	중국	일본	노르웨이
공개년도	2016	2019	2023	2023	2022	2023	2023	2023	2013	2022	2019	2023
Spec	〈키〉 1.5m 〈무게〉 89kg 〈가반하중〉 11kg 〈자유도〉 28 Degree	〈키〉 1.75m 〈무게〉 65kg 〈가반하중〉 16kg 〈자유도〉 24 Degree	〈키〉 1.7m 〈무게〉 70kg 〈가반하중〉 25kg 〈자유도〉 75 Degree	〈키〉 1.7m 〈무게〉 72kg 〈가반하중〉 25kg 〈자유도〉 30 Degree	〈키〉 1.73m 〈무게〉 73kg 〈가반하중〉 20kg 〈자유도〉 46 Degree	〈키〉 1.69m 〈무게〉 60kg 〈가반하중〉 20kg 〈자유도〉 41 Degree	〈키〉 1.8m 〈무게〉 47kg 〈가반하중〉 n/a 〈자유도〉 18 Degree	〈키〉 1.65m 〈무게〉 55kg 〈가반하중〉 50kg 〈자유도〉 44 Degree	〈키〉 1.65m 〈무게〉 80kg 〈가반하중〉 10kg 〈자유도〉 68 Degree	〈키〉 1.77m 〈무게〉 52kg 〈가반하중〉 n/a 〈자유도〉 21 Degree	〈키〉 1.54m 〈무게〉 75kg 〈가반하중〉 n/a 〈자유도〉 44 Degree	〈키〉 1.86m 〈무게〉 89kg 〈가반하중〉 15kg 〈자유도〉 25 Degree

1.8m 기준

출처: Merphi, 유진투자증권

주요 휴머노이드의 스펙을 살펴보면, 신기하게도 키와 몸무게 모두 사람과 유사하다. 인간 사회에 적용하기 위해서는 결국 사람과 유사한 형태를 가질 수밖에 없는 것이다.

테슬라의 휴머노이드 개발 과정

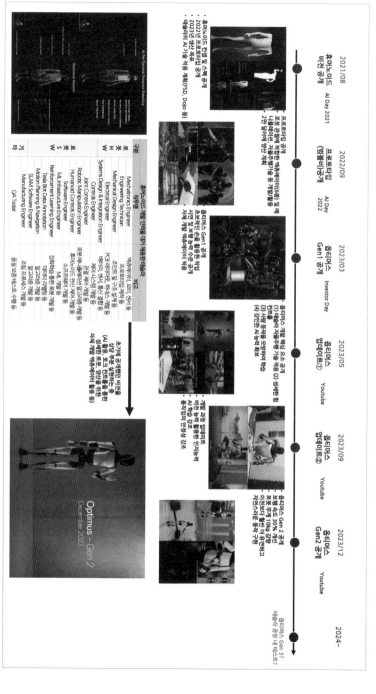

테슬라는 휴머노이드 로봇 개발에 진심이다. 여전히 수많은 로봇 개발자를 채용하고 있으며, 지속적인 하드웨어 및 소프트웨어 업데이트를 통해 휴머노이드 시장에서 보여주는 존재감이 점점 커져가고 있다.

출처: 테슬라, 유진투자증권

휴머노이드의 상용화

테슬라의 도전은 처음에는 장난처럼 여겨졌다. 그러나 테슬라의 휴머노이드 로봇은 불과 1~2년 만에 높은 수준의 로봇 동작 능력과 지능에 도달해 시장에 이변을 일으키고 있다.

테슬라의 휴머노이드는 빠르면 2025년부터 상용화될 예정이다. 테슬라는 로봇 도입에 대한 부담을 최대한 줄이기 위해 출시 가격을 2만 달러 미만으로 하겠다는 계획이다.

테슬라뿐만이 아니다. 미국, 중국, 유럽 등 다양한 기업들이 빠르면 1~2년 내에 휴머노이드를 출시해 상용화하겠다는 포부를 내걸고 있다.

아마존 물류창고에서 테스트를 진행중인 애질리티 로보틱스의 디짓

출처: 아마존

물류 자동화의 선구자인 아마존은 첨단 로봇인 휴머노이드 투입에도 관심을 내비치고 있다. 아마존은 동사가 투자한 애질리티 로보틱스의 디짓을 물류 현장에 투입해 간단한 박스 나르기 등의 작업을 시험하고 있다.

미국의 로봇 개발사 애질리티 로보틱스(Agility Robotics)는 2023년 말 세계 최초로 휴머노이드 생산 공장의 문을 열었다. 애질리티 로보틱스는 이곳에서 연간 1만 대 이상의 휴머노이드 로봇을 생산할 예정이다.

또한 본격적인 상용화를 위해 미국의 아마존 등 주요 기업의 현장에 동사의 휴머노이드 로봇인 디짓(Digit)을 투입해 각종 테스트를 진행하고 있다. 기술 개발에 그치는 것이 아니라 실제 사용을 염두하고 있다는 점이 놀라운 변화이다.

휴머노이드에 대한 관심은 글로벌 유수 기업들의 투자 흐름 속에서도 찾아볼 수 있다. 2023년에는 Chat GPT를 개발한 미국의 Open AI가 노르웨이의 휴머노이드 벤처기업 1X에 투자하고, 2024년에도 연초부터 1X와 Figure에 벤처 캐피탈과 주요 빅테크 기업들이, 한국에서는 삼성 그룹이 관련 기업에 대한 투자를 집행한 것으로 알려지고 있다. 2000년대 초반 휴머노이드 열풍 이후 다시 한 번 휴머노이드 시장이 본격적으로 주목받기 시작한 것이다. 과거에는 전문기업들이 연구개발 및 기계적 움직임에 포커스를 맞추었던 방향성과는 사뭇 다르게 이제는 발전한 AI 기술을 접목해 활용성을 높인 범용 휴머노이드 로봇을 꿈꾸고 있다.

아직 로봇의 기술은 부족한 것이 맞다. 하지만 과거와 다른 점은 '이제는 로봇이 정말로 필요하다'는 것이다. 또한 로봇 개발자들도 무턱대고 '멋진' 로봇 기술을 추구하는 것이 아니라 실제로 쓰일 수 있는 '실용적인' 로봇 기술을 추구하기 시작했다는 것이다.

바야흐로 로봇 산업의 패러다임 전환이 이루어지고 있다. 이제 본격적인 로봇 산업 태동과 함께 투자의 시선을 돌릴 때가 왔다.

2장

우리가 로봇 시장에
주목해야 하는 이유

'We are hiring.' 코로나 이후 미국을 비롯한 세계 각 국가는 노동력 부족 문제에 직면했다. 베이비붐 세대가 조기 은퇴하는 등 노동 시장에서 인력 이탈이 가속화되었기 때문이다.

아직 모든 일자리에서 노동력이 부족한 것은 아니지만, 물류와 외식업 등 일부 분야에서 일할 사람이 빠른 속도로 줄어들고 있고, 특히 한국은 앞으로 인구 절벽 시대를 맞이할 것으로 예상되어 노동력 부족 문제가 더욱 심각해질 것으로 생각된다.

이에 대한 해결책으로 로봇 활용이 제시되고 있다. 마침 로봇의 기술이 나름 쓸 만한 수준까지 발전했고 가격도 저렴해지면서 활용도가 확대될 전망이다. 정부가 두둑한 지원책을 제공하는 한편, 대기업들도 이 시장에 눈독을 들이기 시작했다.

우리가 로봇 산업을 알아갈 때 기술의 이해보다 중요한 것은 노동력 부족과 인건비 상승 같은 사회 구조적인 변화에 대한 이해이다.

코로나 사태 이후 인력난 문제의 사회구조 흐름 속에서, 가장 대표적인 자동화 수단으로서 로봇을 활용하는 방안이 떠오르고 있다.

인공지능 기술이 창조와 범용 AI의 영역으로 나아가고 있는 가운데, 이러한 움직임은 로봇 AI 분야에도 많은 영향을 미치고 있다.

기술이 진일보하면서 이제는 로봇이 팔과 다리를 자유롭게 움직일 수 있고, 인간의 지시에 자율적인 행동 계획을 수립할 수 있다.

앞으로 로봇 시장이 더욱 커지고 양산 체제가 확립되기 시작한다면 로봇 가격은 더욱 하락해 마치 일반 가전처럼 널리 보급될 수 있을 것이다.

한국의 대기업들은 로봇 시장에서 최대의 로봇 수요자라고 할 수 있다. 한국은 세계에서 로봇을 가장 많이 활용하는 국가로 꼽힌다.

2023년 2월 첨단 로봇 규제 혁신 방안이 공개되어 로봇 산업을 둘러싼 규제를 완화하고 로봇 산업이 성장할 수 있는 기반이 마련되었다.

사람도 없고,
인건비도 비싸다

과거에는 로봇이 인간의 일자리를 빼앗는 위협적인 존재로 받아들여졌다. 그러나 이제는 인간에게 도움을 주는 존재로서 로봇의 필요성이 커지고 있다. **노동력 부족과 인건비 상승으로 로봇을 활용한 자동화가 선택이 아닌 필수가 되어가고 있기 때문이다.**

로봇 산업이 주목을 받게 된 배경에는 노동력 부족과 인건비 상승 같은 사회 구조적인 변화가 가장 큰 요인으로 꼽힌다. 로봇 산업을 알아갈 때 기술의 이해보다 중요한 것은 사회 변화에 대한 이해이다.

아무리 첨단 기술이 결집된 분야라도, 결국 로봇을 사용하는 주체는 인간이고, 로봇이 활동할 무대는 인간 사회이다. 그만큼 인간 사회가 처한 환경이 로봇 산업에 영향을 미칠 수밖에 없다. 향후 로봇 산업은 노동력이 부족한 분야에서 활용될 수 있는 로봇 유형부터 전성기를 맞이할 것으로 예상된다.

미국 노동 참여율 추이와 시간당 평균 임금 추이

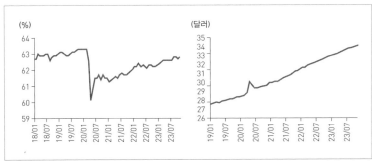

출처: FRED, 유진투자증권

코로나 이후 미국에서 베이비붐 세대가 조기 퇴사하는 케이스가 늘면서 노동 시장의 구조적인 수급 문제가 발생하고 있다. 이러한 문제는 임금 상승으로 이어져 자동화 수단에 대한 관심을 불러일으켰다.

한국 분야별 노동력 부족률과 한국 장래 인구 추계

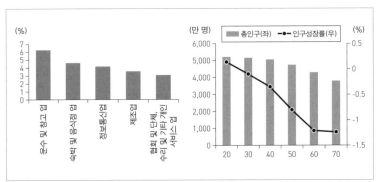

출처: KOSIS, 유진투자증권

한국에서는 앞으로 진행될 인구 절벽이 가장 심각한 문제로 꼽히고 있다. 위 도표는 운수 및 창고 업, 그리고 숙박 및 음식점 업 등 일부 직종에서의 노동력 부족 문제를 나타내고 있지만, 머지않아 노동력 부족 문제는 전 산업으로 확대될 가능성이 있다.

부족한 노동력을 대체하다

2019년 11월 시작된 코로나 사태 이후 미국에서 대량 퇴사(Great Resignation) 사태가 발생했다. 이러한 노동력의 대규모 이탈은 노동 시장에서 수요와 공급의 불균형을 발생시켜 현재까지도 지속적인 인건비 상승을 유발하고 있다.

한국의 경우에는 미국처럼 심각한 노동력 부족 문제가 발생하지는 않았지만 그렇다고 상황이 좋다고 말할 수 있는 것은 아니다. 당장은 물류와 외식 분야 등 일부 업종을 중심으로 노동력 부족 문제가 나타나고 있고, 중장기적으로는 저조한 출생률과 급격한 고령화로 인한 인구 감소, 경제활동 인구 감소가 예견되고 있어 대책 마련의 필요성이 커지고 있다.

우리나라의 부족한 인력을 채우기 위해 외국인 노동자 유입 확대, 정년 연장, 고령자 재고용 등 다양한 사회적 방안을 해결책으로 삼을 수 있다. 그러나 이러한 방안들은 어디까지나 근본적인 해결책이 아닌 보완책에 그칠 뿐이다. 즉 본질적인 문제를 해결하는 방법이 되기는 어렵다. 이러한 노동력 부족의 흐름 속에서, 가장 대표적인 자동화 수단으로서 로봇을 활용하는 방안이 떠오르고 있는 것이다.

로봇 수용성의 변화

과거에는 '로봇과 같은 첨단 기술이 인류의 일자리를 위협해 인류를 불행하게 만들 것'이라는 비판적이고 우려 섞인 시각이 존재한 것이 사실이다. 그러나 상황이 완전히 달라졌다.

지금은 노동력 부족과 인건비 상승 등 단기간에 해결할 수 없는 사회의 구조적인 변화를 체감하고 있는 현실에 발 맞추어 로봇에 대한 사회적 수용성이 과거와는 확연히 달라지고 있음을 느낀다. 즉 '로봇에게 일터를 빼앗길 것'이라는 불확실한 우려보다 적극적으로 자동화를 도입하지 않으면 현실에 닥친 문제를 해결하기 어려울 것이라는 눈앞의 우려가 더 크게 와닿고 있는 것이다.

로봇,
드디어 쓸모 있어졌다

로봇이 사람처럼 모든 작업을 무리 없이 수행할 수는 없지만, 조금씩 능력의 한계를 극복해내고 있다. 특히 사람의 지능에 해당하는 로봇 AI의 적용이 가속화되면서, 유연하고 폭넓은 작업을 수행할 수 있는 기술 기반이 마련되고 있다.

로봇 공학 분야는 기계 공학과 더불어 전자 공학과 정보 공학 등 다양한 공학 분야가 어우러지는 융합 학문 분야이다.

로봇의 몸체(팔과 다리, 손 등)가 움직일 때 필요한 구동에 관한 기술, 로봇의 지능에 해당하는 AI 기술, 이를 뒷받침해줄 수 있는 높은 컴퓨팅 파워, 일종의 배터리라고 볼 수 있는 로봇 동력 공급원, 외부 세상을 이해하는 데 필요한 센싱 능력 등 로봇 공학에서 요구되는 기술은 다양하다. 이렇게 다양한 기술적 능력이 복합적으로 발전해야 인류가 원하는 로봇 수준에 조금씩 다다를 수 있다.

인간이 요구하는 작업을 로봇이 성공적으로 수행하기 위해서는 결국 인간과 동등한 수준의 능력을 갖추어야 한다. 향후 로봇 기술은 인체의 능력을 모방하는 형태로 진화하게 될 것을 예상해볼 수 있다.

로봇 기술 유형별 성숙도 평가

기술 구분	현재	코멘트
구동	○	- 로봇 팔(Arm) 및 손의 구동 기술과 이동 기술은 상용화 수준
인공지능	△	- 범용 AI 수준에 미치지 못함 - 이미지 인식, 음성 인식 등 일부 기능에 특화된 특화 AI 수준
5G	△	- 2019년 B2C 첫 상용화(한국) - B2B 서비스의 5G 특화망은 태동기 - 인프라 구축(고주파대역 무선기 등) 미비
클라우드	△	- 일반 클라우드 서비스 시장은 성숙 단계 - 로봇 클라우드는 AWS 등을 중심으로 초기 형성 단계
자율주행	○(실내) △(실외)	- 실내 자율주행 기술 성숙 - 실외 자율주행 기술은 자기 위치 추정 등 기술 진전 필요
OS	△	- OS 생태계 형성 단계(ROS 등)
소프트 로보틱스	△	- 소프트 그리퍼, 액츄에이터 등 일부 기술 진전
3D 프린팅	△	- 기술은 성숙했으나 로봇 활용이 제한적 - 비용 절감 및 사용 가능 재료의 확대 필요

출처: 유진투자증권

로봇에 필요한 다양한 기술들이 점차 발전하면서 로봇이 과거와 다르게 쓸 만해지고 있다. 인공지능처럼 앞으로 더욱 발전해야 할 기술도 많지만, 이제는 충분히 사회에 적용해볼 만한 수준이 되었다.

로봇 AI의 발전

2023년 가장 주목받았던 기술 분야는 바로 챗GPT(Chat GPT)와 같은 생성 AI 분야였다. 인공지능 기술이 창조와 범용 AI의 영역으로 나아가고 있는 가운데, 이러한 움직임은 로봇 AI 분야에도 많은 영향을 미치고 있다.

로봇 AI와 챗GPT 사이에 커다란 차이점을 하나 꼽자면, 바로 로봇은 물리적 환경 속에 실재하는 존재라는 점일 것이다. 예를 들어 챗GPT는 그 기반이 되는 대규모 언어 모델을 학습할 때 온라인상에서 각종 언어 데이터를 상대적으로 손쉽게 취득해 학습에 활용하는 반면, 로봇은 다양한 행동 유형에 대한 물리적 행동 데이터를 일일이 쌓아야 한다.

구글이 주도하고 있는 로봇 AI 개발

	2022/04 FLAN-SayCan	2022/08 PaLM SayCan	2022/12 RT-1	2023/03 PaLM-E	2023/07 PaLM-E	2024/01 PaLM-E
지시 입력	Text	Text	Text	Text & Image	Text & Image	
Planner (행동 계획)	FLAN 파라미터 1,370억	PaLM 파라미터 5,400억	PaLM 파라미터 5,400억	PaLM-E 파라미터 5,620억	RT-2 (PaLM-E/PaLI-X) PaLM-E 파라미터 550억 PaLI-X 파라미터 120억	Auto RT 교육데이터 수집 시스템 SARA RT 모델 효율화 버전 RT-Trajectory 물리적 동작 고도화
Policy (제어)	BC-Z	BC-Z	RT-1 파라미터 3,000만	RT-1 파라미터 3,000만		

출처: 유진투자증권

로봇을 위한 AI는 지난 수년에 걸쳐 계속해서 업데이트되고 있고, 고도화되고 있다.

구글(Google)과 마이크로소프트(Microsoft) 등 글로벌 빅테크 기업들은 로봇 AI 모델을 구축하기 위해 실제 로봇을 활용해 물리적인 데이터를 쌓는다. 그뿐만 아니라 온라인상에서 시뮬레이션 기술을 활용해 학습 시간을 단축하고 학습 효율성을 극대화하고 있다. 이들은 이러한 노력을 통해 다양한 로봇 AI 연구 결과물을 내놓기 시작했다.

앞으로 AI 기술의 발전 속도가 더욱 빨라진다면 시장에 어떤 변화가 일어날까? 산업용 로봇이나 청소기 로봇처럼 단순 반복 작업에 특화되어 있던 로봇의 모습이, 마치 가사 도우미처럼 범용적인 능력을 갖추고 더욱 유연한 활용이 가능한 로봇의 모습으로 발전하게 되지 않을까?

진일보한 로봇 기술

로봇 기술이 인간의 상상만큼이나 진정한 첨단 지능형 로봇으로 거듭나기까지는 아직 갈 길이 먼 것이 사실이다. 하지만 지금까지 쌓아온 성과도 대단히 눈부시다.

이제는 로봇이 팔과 다리를 자유롭게 움직일 수 있고, 인간의 지시에 자율적인 행동 계획을 수립할 수 있다. 또한 처음 보는 환경에 대응할 수 있는 초보적인 지능형 로봇 수준까지 발전을 이루었다.

사회적 변화 속 높아진 로봇에 대한 수용성

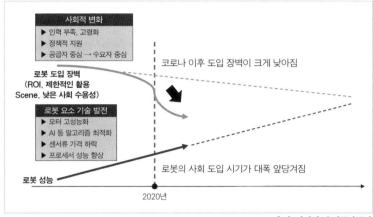

출처: 닛케이, 유진투자증권

로봇에 대한 도입 장벽이 낮아지고, 로봇의 기술적 성능이 높아지며 로봇의 본격적인 보급 시대가 도래하고 있다. 코로나 이후 급격한 사회적 변화로 로봇에 대한 수용성은 빠른 속도로 높아지고 있다.

　예전에 비해 달라진 부분이 하나 더 있다면 바로 인간이 로봇에 기대하는 효용성 수준이다. 과거에는 로봇에 대한 효용성 수준이 무척 높았다. 로봇 기술은 아직 그 기대를 따라가지 못했으므로 자연히 도입이 활발히 이루어지지 않았다. 그러나 이제는 로봇에 대한 필요성이 더욱 커지면서 로봇에 느끼는 효용성의 수준이 낮아졌다. 즉 로봇 도입에 대한 하나의 심리적 허들이 사라져 이전보다 쉽게 도입을 고려해볼 수 있는 단계에 도달했다고 생각할 수 있다.

로봇을 싸게
살 수 있다고요?

아무리 기술 집약적이고 첨단화된 로봇이라고 해도 시장이 커지기 위해서는 경제성을 갖추어야 한다. 시장은 저렴할수록 환호할 수밖에 없다. 로봇 가격의 하락뿐만 아니라 인건비 상승 및 로봇의 효용성 증대 등의 요인은 로봇의 경제성에 긍정적인 요소로 작용한다.

산업의 폭발적인 성장에서 빼놓을 수 없는 또 하나의 중요한 요소는 바로 가격이다. 아무리 기술이 좋고 쓸모가 있다 하더라도 가격이 비싸면 널리 보급되어 쓰이기 어렵다. 제품을 구매할 때 투자한 금액 대비 얻을 수 있는 효용 가치를 고려할 수밖에 없듯, 로봇도 마찬가지다. 당연한 이야기이지만, 로봇도 경제성을 갖추어야 한다.

흔히 로봇 시장에서는, 투자 회수 기간(Payback Period)을 토대로 사람이 작업하는 것과 비교해 로봇을 도입했을 때 비용이 얼마큼 절감되는지를 판단해 로봇 도입을 결정한다.

짧아진 투자 회수 기간

투자 회수 기간을 계산할 때 핵심이 되는 변수는 인건비, 로봇 도입 비용, 효율성이다. 로봇 도입 비용이 인건비보다 낮거나, 로봇 도입 비용이 인건비보다 높더라도 로봇의 도입으로 효율성이 증대되어 실질적인 비용 절감으로 이어진다면, 그래서 투자 회수 기간이 짧아진다면 로봇 도입을 검토해볼 만하다.

과거에 로봇의 도입을 쉽사리 결정할 수 없었던 이유는, 가격이 최소 수천만 원에서 수억 원 정도로 매우 높아서 투자 회수 기간이

산업용 로봇의 투자 회수 기간과 수요의 상관관계

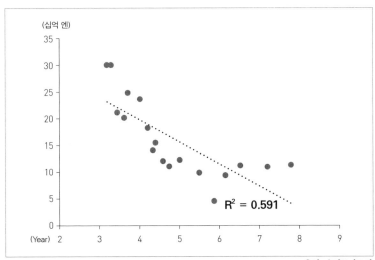

출처: 유진투자증권

로봇의 수요 확대에 영향을 미치는 요소는 여러 가지가 있겠지만, 그중에서도 가장 중요한 요소는 가격이다. 가격이 높으면 로봇을 도입하는 데 부담을 느낄 수밖에 없다.

산업용 로봇의 투자 회수 기간 추이 및 전망

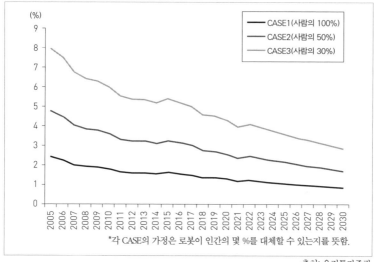

*각 CASE의 가정은 로봇이 인간의 몇 %를 대체할 수 있는지를 뜻함.

출처: 유진투자증권

인건비는 상승하고 로봇 가격은 하락하면서, 로봇 구매 후 투자 회수까지 소요되는 기간이 점차 짧아지고 있다.

길었기 때문이다. 그러나 이제는 인건비는 오르고 로봇 가격은 떨어지는 추세를 타고 있어 투자 회수 기간이 많이 짧아졌다.

로봇 가격이 떨어지는 이유

로봇 가격이 하락하는 이유는 무엇일까? 여기에는 여러 가지 요인이 있다. 과거 일부 기업들이 수요를 독과점하던 시절과 다르게, 로봇 산업이 점차 경쟁 시장으로 변화함에 따라 가격 경쟁이 발생했다. 또 로봇의 기술이 발전하면서 애초에 로봇을 운용하는 데 필요한 인력 소요(인건비)가 절감되었다.

렌탈과 리스, 할부 같은 다양한 금융 상품도 탄생했다. 도입 및 사용 비용에 대한 부담은 물론 투자 회수 기간을 대폭 감소시키는 등 긍정적 효과가 창출되었다. 로봇 중고 시장이라는 2차 시장과 로봇 이커머스 같은 다양한 로봇 판매 플랫폼 시장이 형성되기도 했다. 소비자의 접근성이 좋아지고 가격이 투명하게 공개되기 시작해 로

빅웨이브로보틱스의 마이로봇솔루션

출처: 빅웨이브로보틱스

로봇을 사고 싶지만 어디서 사야 할지 모른다면? 온라인을 통해서 로봇의 스펙 및 가격을 확인하고 비교해 구매를 검토할 수 있는 세상이 다가오고 있다.

봇 가격의 하락에 지속적인 영향을 미쳤다.

앞으로 로봇 시장이 더욱 커지고 양산 체제가 확립되기 시작한다면 로봇 가격은 더욱 하락해 일상생활에서 흔히 쓰는 일반 가전처럼 널리 보급될 수 있을 것이다. 앞에서도 이야기했지만, 테슬라의 CEO 일론 머스크는 향후 테슬라가 개발할 휴머노이드인 옵티머스(Optimus)를 2만 달러라는 획기적인 가격에 공급할 계획을 밝히기도 했다. 다가올 미래에는 1인 1로봇의 세상도 결코 불가능하지 않을 것이다.

대기업의 미래에서
빼놓을 수 없는 로봇

한국의 대기업들이 로봇 사업에 관심을 가지기 시작했다. 대기업이 로봇 시장에 진출한다면 자본력과 양산 능력, 상품화 능력 등의 활용으로 본격적인 시장 창출이 이루어질 것으로 기대된다.

한국의 로봇 시장은 오래전부터 로봇 상용화를 추진해온 1세대 로봇 기업과 스타트업 같은 벤처 기업이 중심이 되어 초기 시장을 형성해왔다. 최근에는 대기업들이 로봇 분야로 사업 영역을 확장하는 움직임이 확대되고 있고, 이로써 본격적인 시장 확대 흐름에 기대가 모아지고 있다.

한국의 대기업들은 로봇 시장에서 최대의 로봇 수요자이다. 한국은 노동자 1만 명당 약 1,000대 수준의 로봇을 활용하고 있는데, 이는 글로벌 평균인 141대를 훌쩍 뛰어넘는 수치이다. 한국은 세계에서 로봇을 가장 많이 활용하는 국가로 꼽힌다.

한국은 본래 제조업에 기반해 성장해온 만큼 산업용 로봇을 많이 사용하고 있다. 하지만, 최근에는 물류 로봇 등의 서비스 로봇 또한 적극적으로 활용하는 모습이 나타나고 있다.

로봇의 수요자였던 대기업이 차세대 먹거리로 로봇 사업을 지목하고 적극적으로 사업화에 나서고 있는 것은 그들이 로봇 시장의 무한한 성장 가능성을 봤음을 시사한다.

로봇 시장에서 나타날 대기업 효과

대기업이 로봇 시장에 진출하게 되면 과연 어떤 효과를 기대할 수 있을까? 크게 3가지다. 첫째, 대량 생산을 통한 로봇 가격의 하락을 기대할 수 있다. 둘째, 로봇의 상품화, 영업 및 마케팅 역량을 활용한 시장의 창출을 기대할 수 있다. 셋째, 자본력에 기반한 기술 투자를 기대할 수 있다. 큰 틀에서 로봇 시장의 성숙과 로봇 보급의 확대 등이 기대되는 것이다.

한국의 로봇 산업은 이제 각각의 톱니바퀴가 서로 맞춰져가는 듯한 느낌이다. 국내 로봇 전문 기업이 축적해온 기술력과, 스타트업이 제시하는 새로운 기술 및 로봇의 활용 방법, 그리고 대기업의 참여로 가속화된 시장 창출이 맞물리고 있는 것이다. 마침내 한국 로봇 산업이 본격적으로 태동하고 있다.

삼성전자, LG전자, 현대자동차, 네이버, 두산, KT, SKT 등 한국 유수의 기업들이 로봇 사업에 뛰어들었다. 지금까지의 흐름을 지켜보면 각 기업이 기존에 영위하던 사업과 연관성이 있는 분야부터 사업화를 추진하고 있는 것으로 보인다. 로봇이 애초에 GPT(General Purpose Technology, 일반 목적 기술)로서 범용성을 띠는 분야이기에 어떤 산업과도 연관성을 가지기도 하지만, 신사업을 추진할 때 기존 사업과의 시너지를 고려하지 않을 수도 없기 때문일 것이다.

어떤 방향성을 갖든 이렇게 대기업이 로봇 사업에 뛰어들고 있는 현황은 무척 긍정적으로 평가된다. 해외의 경우, 일부 빅테크와 테슬라, 아마존(Amazon) 같이 신사업 진출에 적극적인 기업을 제외하고는 로봇 사업의 진출 성과가 미미하다. 또한 아직까지는 로봇 상용화보다 연구 개발 중심의 접근법을 취하고 있어 초기 로봇 시장의 주도권을 확보하지 못한 상태이다.

| 삼성전자의 로봇 사업

지금부터는 대표적인 국내 대기업의 로봇 개발 및 투자 현황에 대해 간단히 살펴보자.

삼성전자는 CES 2019 이후로 가사 로봇, 웨어러블 로봇 등 각종 로봇 플랫폼을 공개해왔다. 현재 삼성전자 SAIT, 삼성리서치, 삼성

삼성전자가 공개한 로봇 제품

출처: 삼성전자

삼성전자는 오래전부터 서빙 로봇부터 가사 로봇까지 다양한 콘셉트의 로봇을 공개해왔다.

전자 DX 부문 로봇 사업팀을 중심으로 로봇 사업화를 추진하고 있는 것으로 파악되며, 2023년에는 국내 대표 로봇 기업인 레인보우 로보틱스에 지분 투자를 실시했다.

이뿐만 아니라 스타트업 액셀러레이팅 프로그램(C-Lab 아웃사이드)을 통해 주요 로봇 벤처 기업(뉴빌리티 등)에 대한 지원 및 투자를 실시했다. 또한 카이스트와 로보틱스 인재 양성 프로그램 신설 협약을 체결하며 중장기적인 전문 인력 육성에도 나서고 있다.

삼성전자는 아직 구체적인 사업 방향성을 공개하지 않았으나, 2024년 세계적인 소비자 전자 제품 박람회 CES 2024에서 가정용 로봇인 볼리(Ballie)를 공개하고, 오래전부터 개발해오던 웨어러블 로봇 '봇핏(Bot Fit)'을 비공식적이지만 B2B 대상으로 판매를 시작하면서, 중장기적인 성장 동력 확보를 위해 차근차근 로봇 사업화를 준비하고 있는 것으로 보인다.

LG전자의 로봇 사업

LG전자는 국내 대기업 중 가장 선제적으로 로봇을 상용화하고 사업화를 추진하고 있다. 2017년부터 가정용 허브 로봇과 청소 로봇, 잔디깎기 로봇, 서빙 로봇, 포터 로봇, 쇼핑 카트 로봇, 수트봇, 셰프봇 등 다수의 로봇 라인업을 공개했다. 일찌감치 투자에도 나

LG전자가 공개한 로봇 제품

출처: LG전자

인터넷에 LG전자의 로봇을 검색하면 대부분 서빙 로봇이 검색 결과로 뜨겠지만, 그 밖에 협동 로봇, 웨어러블 로봇, 실외 이동 로봇 등 다양한 로봇의 연구 개발을 수행하고 있다. LG전자는 다른 어떤 기업보다도 먼저 로봇 상용화에 적극적으로 나서고 있는 기업이다.

서 2017년에 엔젤로보틱스, 2018년에 로보티즈 및 로보스타에 투자했다.

로봇 사업화 조직으로는 2019년에 로봇 사업 센터를 신설했으며, 2021년에 BS 사업본부에 편입되면서 남들보다 한발 빠르게 사업화에 나섰다. 초기에는 서빙 로봇 및 안내 로봇 사업 중심이었으나, 대표 로봇 라인업인 클로이(CLOi) 시리즈의 B2B 활용 솔루션 확장(물류, 방역 등) 및 외부 기업(KT, CJ대한통운 등)과의 협력 확대, 로봇 전용 생산라인 구축을 통해 로봇 사업 아이템의 다각화와 수요 개척을 위한 노력을 지속하고 있다.

현대자동차그룹의 로봇 사업

현대자동차그룹은 2018년에 차량 전동화/스마트카/로봇 & AI/미래 에너지/스타트업 육성을 5대 신산업으로 지목하고 대규모 투자 계획을 밝혔다.

2019년에는 2040년에 로봇 사업이 차지하는 매출 비중이 20%까지 늘어날 것으로 전망했고, CES 2022에서 로봇 중심의 전시 내용을 선보이며 로보틱스 비전을 강조했다.

이처럼 예전부터 로봇 사업에 대한 높은 관심을 내비치고 있는 현대자동차그룹은 웨어러블 로봇(CEX, VEX, MEX)과 로봇형 자동차

현대차그룹이 공개한 로봇 제품

출처: 현대차그룹

사진에서 볼 수 있듯 현대자동차그룹이 그동안 공개하거나 콘셉트로 보여준 로봇들은 대부분 어떠한 이동성을 띄고 있는 로봇 유형들이 많다. 로봇도 모빌리티 관점에서 접근하고 있는 것으로 생각해볼 수 있다.

(Elevate, Tiger), 서비스 로봇(DAL-e, H2D2) 등 다양한 로봇 콘셉트를 공개해왔다. 2021년에는 로봇 공학계의 정점에 있는 미국의 보스턴 다이내믹스(Boston Dynamics)를 인수하기도 했다.

피할 수 없는 미래,
지원에 나서는 정부

산업이 성장하기 위해서는 정부 차원의 정책적 뒷받침이 함께 이루어지는 것이 매우 중요하다. 미국과 중국, 일본 등 주요 국가들은 로봇 산업을 육성하기 위해 다양한 정책으로 지원에 나서고 있으며, 한국도 정부 차원의 강력한 지원을 연달아 발표하고 있다.

로봇 시장이 활기를 띠기 시작한 가운데, 로봇 산업의 육성과 지원을 위한 정책적인 뒷받침의 역할이 매우 중요해졌다. 아무리 기업들이 새로운 로봇을 개발해내고 시장을 형성해간다 해도, 법적인 제도가 마련되어 있지 않으면 산업은 탄탄하게 성장해나가기 어렵다.

정부 차원의 지원을 바탕으로 로봇 보급 촉진 및 기술 개발의 확대를 추구해야 한다. 또한 한편으로는 적절한 규제를 통해 자국 기업의 성장을 보호하고 경쟁력을 갖출 수 있게 도와야 한다.

해외의 로봇 정책

이미 미국과 일본, 중국 등 해외 주요 국가들은 정부 차원의 움직임을 보이고 있다. 로봇 산업을 미래의 핵심 산업으로 지목하고 다양한 정책과 지원 제도를 마련해 꾸준히 육성하고 있다.

미국은 로봇 공학 로드맵(Robotics Roadmap)과 국가 로봇 공학 계획(NRI, National Robotics Initiatives), 다르파 챌린지(DARPA Challenge, 국방고등연구계획국이 주관하는 경기 방식의 연구 개발 프로그램) 등 민간 주도의 기술 연구 개발을 촉진시키기 위한 다양한 정책적 지원을 실시하고 있다.

일본은 로봇 신전략과 로봇에 의한 사회 변혁 추진 계획을 통해 로봇 산업의 생태계 강화와 인재 육성, 연구 개발 촉진 등을 꾀하고 있다.

중국은 로봇 산업 발전 계획과 중국 제조 2025, 로봇 플러스 응용 방안 등 각종 정책을 발표하며 로봇 산업의 육성과 국산화, 로봇 보급 확대를 강력하게 추진하고 있다.

한국의 로봇 정책

한국은 2008년에 지능형 로봇 개발 및 보급 촉진법을 제정해 로봇 산업 발전을 위한 지원 기반을 마련했다. 2009년 제1차 지능

주요국의 로봇 관련 정책 현황

국가	정책명	주요 정책 내용
중국	중국 제조 2025 (2015)	– 10대 핵심 분야 발전 로드맵 제시. 로봇 분야도 핵심 분야에 포함 – 로봇 본체/감속기/서보 모터/제어기/센서 등 로봇 관련 핵심 부품 연구 강화 및 각 산업 분야 적극 활용 추진
	14차 5개년 로봇 산업 발전 계획 (2021)	– 로봇 산업의 혁신 능력 제고 목표 – 로봇 시스템 개발 및 운영 체제 R&D 추진 – 인공지능, 5G, 빅데이터, 클라우드 컴퓨팅 등 신기술과 로봇 기술 융합 – 전용 소재, 부품, 가공 공정, 로봇 제어 SW, 핵심 알고리즘 개발 추진 – 제조/광산/건축/농업/가사/의료 헬스케어 등 다양한 로봇 개발 – 기타: R&D 비용 가산 공제, 로봇 기업 상장 지원, 지재권 보호 강화, 로봇 윤리 및 법률 연구, 인재 양성 등
	로봇 플러스 활용 방안 (2023)	– 2025년에 2020년 대비 제조업 로봇 밀도 2배 증가 – 제조업 외에 농업, 물류, 에너지, 의료 분야 등 로봇 활용 적극 추진
일본	로봇에 의한 사회 변혁 추진 계획(2019)	– 다양한 과제에 대응할 수 있는 SI 육성 통해 로봇의 사회 적용 가속화 – 산학 연계를 통한 인재 육성 및 로봇 기술 고도화 추진
	문샷 프로젝트 (2020)	– 2050년까지 AI와 로봇 연계를 통해 스스로 학습하고 행동해 사람과 공생할 수 있는 로봇을 실현
미국	NRI	– 각종 로봇 관련 기술 연구 지원(각종 관계 부처 참여해 필요 기술에 대해 프로젝트별로 지원금 부여)
유럽	Horzion 2020 (2014~2020) Horizon Europe (2021~2027)	–과학 기술 분야의 연구 지원(SPARC와 ADRA 등 민관 합동으로 추진)

출처: 유진투자증권

글로벌 주요 국가들이 로봇 산업에 적극적으로 지원하고 있는 모습이다.

'첨단 로봇 산업 비전과 전략' 개요(2023년)

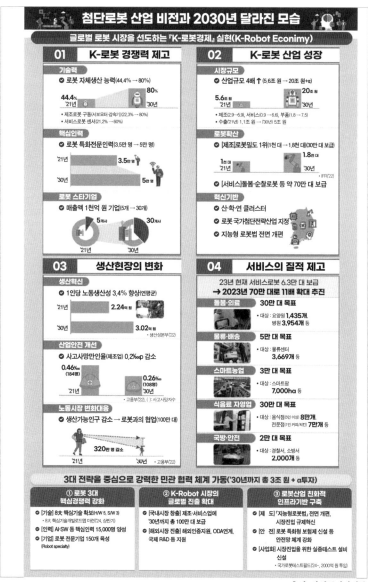

출처: 산업통상자원부

한국 정부도 로봇 산업에 대한 관심을 더욱 키워가고 있다. 로봇 부품부터 생산, 활용까지 로봇 산업의 모든 밸류체인에서 정책적인 지원이 기대된다.

우리가 로봇 시장에 주목해야 하는 이유

로봇 산업 관련 정부·지자체 지원 정책 현황(2023년)

일자	주요 정책
2023년 2월	– 첨단 로봇 규제 혁신 방안 발표
2023년 3월	– 산업부 2026년까지 로봇 산업 2조 원 투자 계획
2023년 4월	– 지능형 로봇법 국회 본회의 통과
2023년 5월	– 로봇산업진흥원 서비스 로봇 실증 착수
2023년 7월	– 서울시 로봇 산업 육성 종합 계획 발표
2023년 8월	– KIAT 로봇 산업 기술 로드맵 확보 착수 – 국가 로봇 테스트 필드 예타 통과 – 대구시 스마트 로봇 혁신 지구 조성 사업 추진
2023년 9월	– 지능형 로봇법 전부 개정 검토
2023년 11월	– 지능형 로봇법 개정안 시행
2023년 12월	– 첨단 로봇 산업 비전과 전략 발표

출처: 유진투자증권

2023년은 다수의 로봇 관련 법령 개정과 중장기 정책 공개 등 특히 로봇 산업에 대한 정책 지원이 가속도가 붙은 원년이라고 볼 수 있다.

형 로봇 기본 계획과 2014년 제2차 지능형 로봇 기본 계획을 거쳐, 2019년에는 제3차 지능형 로봇 기본 계획을 수립해 로봇 산업 육성을 실시해오고 있다.

제3차 지능형 로봇 기본 계획의 내용을 살펴보면 다음과 같다. 2018년 5.7조 원이던 로봇 산업의 시장 규모를 2023년까지 15조 원으로 성장시키고, 매출액 1,000억 원 이상의 로봇 전문 기업을 20개까지 늘린다. 제조 로봇의 보급 수를 2023년까지 70만 대(누적)를 달성하겠다는 목표도 포함되어 있다. 이러한 목표를 달성하기 위해 각종 로봇의 보급 촉진, 기술 개발 지원 등이 추진되고 있다.

정부 지원은 점점 속도가 붙고 있는 모습이다. 2023년 2월 첨단 로봇 규제 혁신 방안이 공개되어 로봇 산업을 둘러싼 규제를 완화하고 산업이 성장할 수 있는 기반이 마련되었다.

2023년 12월에는 '첨단 로봇 산업 비전과 전략'을 발표했다. 여기서는 로봇 부품 국산화, 로봇 인력 육성, 로봇 산업 규모 확대, 제조 로봇 외 서비스 로봇 보급의 확대 등 다양한 국내 로봇 산업의 육성책이 제시되었다.

2024년에는 제3차 지능형 로봇 기본 계획에 이은 제4차 지능형 로봇 기본 계획(2024~2028년)이 발표되었다. 정부는 3대 전략으로 (1) 로봇 3대 핵심 경쟁력 강화(기술, 인력, 기업), (2) K-Robot 시장의 글로벌 진출 확대 (3) 로봇 산업 친화적 인프라 구축(제도, 문화 등)을 제시하고, 2030년까지 민관 합동으로 총 3조원+α를 투자할 계획이다. 또한 후속 정책으로 8대 핵심 기술 개발 로드맵, 지능형 로봇법 전면 개편 등 다양한 정부 정책이 추가로 공개될 예정으로, 이러한 정부의 강력한 정책적 지원은 국내 로봇 산업의 성장 동력으로 작용할 가능성이 크다.

2023년 로봇 관련 주요 법령 개정 내용

구분	현황	주요 내용
지능형 로봇 개발 및 보급 촉진법 일부 개정	23/05 공포	• 실외이동로봇 정의 신설 • 손해보장사업 근거 마련 • 운행안전인증 신설 • 보험 or 공제 가입 의무 신설
도로교통법 일부 개정	23/04 공포	• 실외이동로봇 정의 규정 • 로봇을 보행자에 포함해 보도 통행 및 법정 의무 부담 가능케함
개인정보보호법 일부 개정	23/03 공포	• 이동형 영상정보처리기기 운영기준 마련(촬영 시 안내판 등으로 촬영 사실 표시)
생활물류서비스 산업발전법 일부 개정	24/01 공포	• 택배서비스 사업과 소화물배송대행서비스 운송수단에 로봇 추가

2023년에는 특히 실외이동로봇 관련 법안 개정이 다수 이루어졌다.

2023년 공개된 첨단로봇산업 비전과 전략

구분	주요 내용
K-로봇 경쟁력 제고	• 부품 국산화율 44% → 80% • 로봇 전문인력 3.5만 명 → 5만 명 • 로봇 스타기업 5개 → 30개
K-로봇 산업 성장	• 산업규모 5.6조 → 20조+a • 로봇 밀도 1천대 → 1.8천대 • 산학연 클러스터/로봇 국가첨단전략산업 지정/지능형 로봇법 개정

정부는 단기간의 성과 추구보다는 중장기적인 로봇 산업 육성 방향성을 제시하고 있다.

2024년 예정된 정책 이벤트

구분	주요 내용
제4차 지능형 로봇 기본계획	• 2024~2028년 기간 동안 추진될 중장기 로봇 산업 발전 목표 및 기본 방향 제시
8대 핵심 기술 로드맵	• 2023년 8월 연구 용역 입찰 • 8대 분야: 감속기/서보모터/그리퍼/센서/제어기/자율이동SW/자율조작SW/HRI
지능형 로봇법 전면 개정	• 2023년 8월 연구 용역 입찰 • 기술 수용 및 혁신을 촉진하기 위한 법률의 전부 개정 검토

이미 제4차 지능형 로봇 기본계획은 공개되었지만, 여기서 그치는 것이 아니라 후속 정책 발표 등 다양한 정책 지원은 계속될 전망이다.

머지않아 한국이 로봇 시장을 주도하는 날이 온다

절실한 자가 승리를 얻는다. 세계 어느 국가보다도 로봇 도입이 절실하고 이를 위해 기업과 정부가 적극적으로 나서고 있는 만큼, 한국은 앞으로 로봇 시장을 이끌어갈 선도 국가로 발돋움할 것이다.

안타깝게도 지금까지 로봇 시장에서 한국의 존재감은 미미했다. 산업용 로봇 시장에서는 일본의 화낙(Fanuc)과 야스카와(YASKAWA), 카와사키(KAWASAKI) 등 유수의 기업이 글로벌 시장을 주도해왔고, 서비스 로봇 시장에서는 미국과 중국, 유럽 등 해외 기업의 강세가 이어지고 있기 때문이다. 로봇 기술력 관점에서 한국은 일본, 미국, 중국 등의 선도 국가에 비해 뒤처진다는 평가도 있다.

로봇 시장을 주도하기 위해서는 몇 가지 요소가 필요하다. 첫째, 로봇 산업을 필연적으로 육성시킬 수밖에 없는 환경에 있어야 한다.

둘째, 남들이 하지 않는 새로운 로봇 시장의 분야에 도전해야 한다. 셋째, 로봇 시장을 선점해야 한다. 결국 기술력도 기술력이지만 가장 중요한 것은 로봇의 상용화이다. 이 세상에 없던 시장을 만들어 가야하는 만큼, 기업은 물론 정부의 적극적인 노력이 필요로 되는 시점이다.

일본과 중국이 로봇 강자가 된 비결

한 가지 사례를 들어 이야기해보자. 대표적인 로봇 유형인 산업용 로봇 시장에서 일본 기업이 압도적인 패권을 가질 수 있었던 배경에는 무엇이 있었을까?

20세기 말 제조 강국으로 떠오른 일본은 노동력 부족 문제를 마주했다. 그리고 이것을 해결하기 위해 제조 현장에서 산업용 로봇을 활발하게 활용하기 시작한 것이다.

당시 산업용 로봇 시장은 매우 작은 니치 마켓(niche market, 틈새시장)이었기 때문에 미국 등 주요 선진국은 시장에 큰 관심을 두지 않았다. 바로 이러한 요인들 때문에 일본이 산업용 로봇 시장에서 유리한 지위를 선점하게 된 것이다. 중국의 로봇 기업이 서빙 로봇 시장에서 강세를 보이는 이유도 이와 다르지 않다. 중국 기업이 서빙 로봇 시장을 개척하고 선점했기 때문이다.

한국에도 기회가 있다

이런 상황에서 과연 후발주자인 한국이 기회를 잡을 수 있을까? 우려의 시선이 존재하는 것은 사실이다. 그러나 최근 국내 대기업과 스타트업, 로봇 전문 기업의 행보를 보면 가능성이 충분하다고 판단된다.

한국은 로봇 산업이 커지기에 가장 적합한 환경을 갖추고 있다. 인구 감소로 인해 로봇 활용의 확대가 불가피하기 때문이다. 이러한 가운데, 대기업과 벤처 기업이 모두 로봇 사업화에 적극적으로 나서

국내 로봇 사업 관련 MOU 보도 수 추이

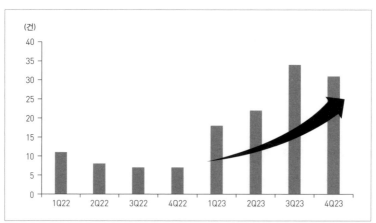

출처: 유진투자증권

거의 매주 2~3개 꼴로 로봇 사업 관련 MOU가 보도되고 있다. 기술 개발, 실증, 사업 협력 등 다양한 내용이 포함되어 있고, 협력 주체 또한 대기업, 전문기업, 스타트업 등 다양하다.

고 있으며, 정부 차원의 지원도 뒷받침되기 시작했다. 그동안 어떻게 보면 기대감뿐이었던 국내 로봇 산업에 다양한 변화의 흐름이 감지되고 있다. 필자가 집계한 국내 언론 보도 등을 통해서 공개된 국내 기업들의 로봇 사업 관련 MOU(업무 협약) 체결 건수는 2022년 약 40여 건에서 2023년에는 100여 건으로 큰 폭으로 증가했다.

한국이 어떤 로봇 분야를 주도할 수 있을지 예측하기는 쉽지 않다. 그러나 앞으로의 로봇 산업을 논할 때 한국을 빼놓고 이야기하기 어려울 것이라는 점만큼은 강하게 확신할 수 있다.

3장

- 산업용 로봇이 저성장 국면에 진입했다는 생각은 틀렸다
- 무궁무진한 협동 로봇의 미래
- 서비스 로봇 분야, 물류부터 간다
- 로봇 산업과 동반 성장할 로봇 부품 시장
- 남보다 한 발 먼저 앞서가기 위한 방법
- 로봇의 미래는 소프트웨어와 플랫폼에 있다

로봇에 투자한다면 반드시 살펴봐야 할 로봇 분야

어떤 로봇 분야가 가장 핫할까? 현재 유망하다고 할 수 있는 로봇 분야로 협동 로봇과 물류 로봇, 로봇 부품 분야를 꼽아볼 수 있다. 앞으로는 군용 로봇과 농업 로봇, 웨어러블 로봇 같은 다양한 로봇 유형과 더불어 로봇 SW 산업까지, 산업의 저변이 점차 확대될 것으로 예상된다. 결국은 사람이 부족한 곳에서 가장 먼저 로봇이 활용될 것이기 때문에 노동력 부족 문제가 심각해지고 있는 분야부터 관심을 가져보자.

최근 산업용 로봇 시장에서 가장 중요하게 생각되는 키워드는 공급망 재편, 그리고 최대 로봇 수요 산업인 자동차 산업의 전동화 전환이다.

차세대 산업용 로봇인 협동 로봇은 말 그대로 사람과 협동해 다양한 작업을 수행해내는 로봇으로, 2000년대에 처음으로 공개되었다.

사실 협동 로봇에 대한 정확한 정의와 구분은 없다. 산업용 로봇 중에서 안전성에 대한 규정을 충족시키는 로봇을 협동 로봇으로 여기고 있다.

앞으로 성공할 서비스 로봇의 유형을 예측할 때 가장 중요한 포인트는 무엇일까? 바로 산업용 로봇과 마찬가지로 '노동력 부족'이다.

로봇 산업의 성장은 결국 로봇을 구성하는 부품의 수요 증가로 이어지며, 로봇 밸류체인의 상류에 있는 부품 기업에 수혜로 작용할 것이다.

로봇이 대중화에 성공하기 위해서는 비용 대비 효과가 사람들이 요구하는 수준 이상이 되어야 한다는 것을 반드시 기억해야 한다.

점차 로봇의 소프트웨어가 중요해지면서 이에 대한 비즈니스 기회가 다수 열리게 될 것이라는 점도 투자 관점에서 주목해야 한다.

산업용 로봇이 저성장 국면에
진입했다는 생각은 틀렸다

산업용 로봇은 이미 성숙한 시장으로 진입했지만, 향후 글로벌 공급망 재편 및 산업의 변화로 인해 수요의 창출이 지속되어 견조한 성장이 가능할 것으로 예상된다. 산업용 로봇 시장에 투자할 계획이라면 일본의 산업용 로봇 기업을 눈여겨볼 필요가 있다.

현재 로봇 시장의 절반 이상을 차지하는 로봇은 무엇일까? 바로 산업용 로봇이다. 산업용 로봇은 한국과 미국, 중국 등 세계 주요 국가에 널리 보급되어 활용되고 있는 가장 성공한 로봇 유형 중 하나이다.

2022년 기준 전 세계 산업용 로봇의 연간 설치 대수는 무려 55만 대에 달한다. 주로 전기전자와 자동차 제조업 공장에서 용접과 조립, 운반 등 단순 반복 작업에 활용되고 있다.

현재 전 세계에서 운영되고 있는 산업용 로봇은 390만 대가량이다. 산업용 로봇 시장은 이미 어느 정도 안정적인 궤도에 오른 상황

글로벌 산업용 로봇 가동 현황

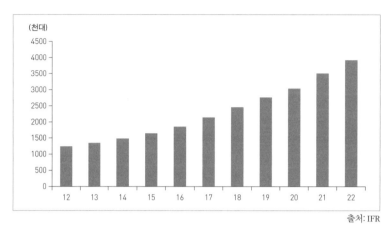

출처: IFR

2022년 기준 글로벌 산업용 로봇 가동 대수는 약 390만 대 수준이다. 2013년 133만 대였던 것과 비교해 10년 사이에 무려 3배로 증가했다.

이다. 따라서 향후 산업용 로봇 시장의 성장성이 크지 않을 것이라는 우려가 제기되고 있다.

한국의 산업용 로봇 도입 현황

한국 시장을 예로 들어보면, 한국의 산업용 로봇 도입 대수는 실제로 매년 감소하고 있다. 여러 요인이 있겠지만, 한국은 이미 산업용 로봇을 활용한 자동화를 상당 부분 이루었기 때문에 추가적으로 발생하는 자동화 수요에 한계가 있다는 점을 주요하게 생각해볼 수 있다.

한국 로봇 연간 설치 수 추이

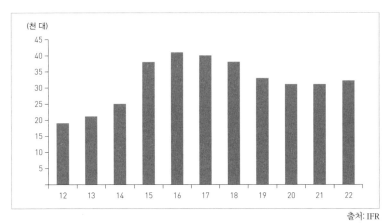

출처: IFR

글로벌 시장의 산업용 로봇 설치 수가 매년 증가하는 것과 달리, 한국의 로봇 설치 수는 정점을 찍은 뒤 하향 안정화되고 있는 모습이다. 이미 주요 제조 산업에서 많은 로봇들이 도입되어 활용되고 있기 때문으로 생각된다.

한국은 로봇 밀도 측면에서 글로벌 1위를 기록하고 있을 정도로 이미 로봇이 많이 보급되었다. 특히 자동차나 전기전자 등 한국이 강세를 보이는 제조 분야에서는 로봇과 그 밖에 자동화 설비를 활용해 적어도 절반 이상, 많게는 100%까지 자동화율을 달성하고 있는 실정이다.

따라서 한국의 경우 추가적인 자동화 수요가 크지 않은 것이다. 연간 산업용 로봇 설치 대수를 보면 2016년 4.1만 대를 기록한 이후 지속적으로 우하향하는 추세이다.

글로벌 시장에서의 산업용 로봇 수요

글로벌 시장으로 시야를 넓히면, 여전히 산업용 로봇의 수요가 늘어날 구석은 많아 보인다. 세계로봇연맹(IFR)은 향후 산업용 로봇 시장의 성장률을 연 평균 8%로 전망한다. 폭발적이지는 않지만 견조한 성장을 예상하는 것이다.

최근 산업용 로봇 시장에서 가장 중요하게 생각되는 키워드는 크게 2가지로 정리해볼 수 있다. 첫 번째는 공급망 재편이고, 두 번째는 최대 로봇 수요 산업인 자동차 산업의 전동화 전환이다. 사회와 산업의 변화 흐름은 결국 꾸준한 산업용 로봇 수요로 이어질 것이다.

산업용 로봇 연간 설치 수 추이 및 전망

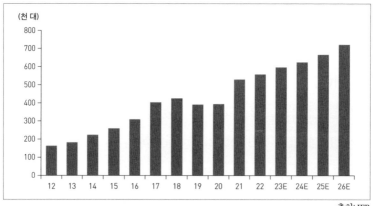

출처: IFR

글로벌 시장에서 산업용 로봇의 연간 설치 수는 꾸준히 증가해왔으며, 앞으로도 지속적으로 늘어날 것으로 전망된다.

현재 글로벌 시장에서는 2018년 시작되어 여전히 진행중인 미-중 무역 분쟁, 코로나 이후 공급망 단절, 자국 우선주의 등 다양한 이유로 인해 공급망 재편 흐름이 나타나고 있다. 대표적으로 미국의 리쇼어링 이니셔티브(Reshoring Initiative), 인플레이션 감축법(IRA)과 같은 자국으로 생산 기지를 다시 불러들이는 리쇼어링 정책, 또는 우방국 중심으로 공급망을 형성하는 니어쇼어링(Nearshoring) 정책을 예로 들 수 있다.

향후 세계의 공장 역할을 해온 중국에 대한 의존도를 점차 낮추고 자국의 산업 기반을 확대하려는 흐름이 세계 각국에서 전개될 것으로 예상된다. 인도나 베트남 등 제2의 중국이 부상할 가능성 또한 예

미국 리쇼어링 이니셔티브 일자리 창출 추이

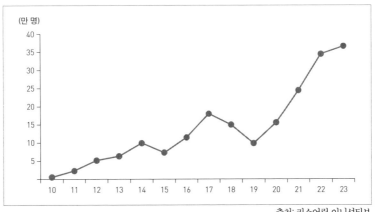

출처: 리쇼어링 이니셔티브

미국 제조업의 리쇼어링 가속화로 일자리의 신규 창출이 크게 늘고 있다. 그런데 과연 이 일자리를 누가 채울 수 있을 것인가? 사람일까, 로봇일까?

북미 로봇 연간 주문 수 추이

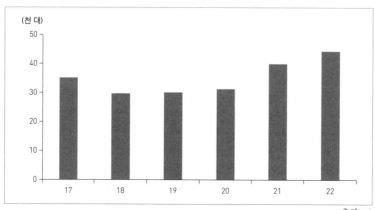

출처: A3

미국에서는 노동력 부족 문제의 해결을 위해 로봇 도입에 매우 큰 관심을 두고 있는 것으로 파악된다. 실제 데이터로도 로봇 수요의 증가를 확인할 수 있다.

상되고 있다. 이러한 공급망 재편 흐름은 결국 신규 제조 공장의 건설 수요 증가로 이어지고, 다시 산업용 로봇의 수요 증가 요인으로 작용할 것이다.

미국의 경우 지난 수년간 리쇼어링을 추진해오면서 새로운 공장이 다수 설립되어 많은 일자리가 창출되었다. 2022년 미국의 리쇼어링 정책과 FDI로 창출된 일자리 수는 36만 개로 전년 대비 무려 53% 증가했다.

하지만 2장에서 설명한 바와 같이 코로나 이후 노동 시장에서 수급 균형이 무너지면서 노동력 부족 문제가 심각한 사회 문제로 대두되고 있다. 이에 따라 리쇼어링 가속화에 따른 일자리 창출은 오히려 산업용 로봇의 수요로 이어지고 있다는 판단이다.

실제로 미국의 첨단자동화협회(A3)에서 공개하고 있는 미국 내 산업용 로봇의 주문 수는 2021년 3만 9,708대를 기록하며 종전 최고 수치인 2017년의 3만 4,904대를 넘어섰다. 2022년에는 4만 4,916대를 기록하며 2년 연속으로 신기록을 경신하고 있다.

자동차 산업에서의 새로운 수요

이제 자동차 산업의 전동화 전환 이슈에 대해 이야기해보자. 친환경 트렌드에 따라 자동차 산업에서도 내연차에서 전기차로의 전환이 빠른 속도로 이루어지고 있다.

전기차 전용 공장과 같은 새로운 공장 설립 또는 제조 라인 변경으로 신규 로봇 수요가 창출되기도 하지만, 더 주목할 부분은 따로 있다. 바로 전기차 전환과 함께 수요가 증가한 차량용 배터리라는 신산업의 태동이다. 여기서 로봇에 대한 새로운 수요가 촉발되고 있다는 점에 주목해야 한다.

전기자동차의 배터리와 모터, 인버터는 내연기관차의 엔진보다 구조 및 형상이 단순해 로봇을 적용하기가 용이하다는 특징이 있다. 특히 배터리의 경우 무게가 무거워 운반에 산업용 로봇이 필요하다. 또한 이러한 무거운 배터리를 탑재해야 하는 자동차 차체의 용접 강도 또한 높일 필요가 있어 새로운 용접용 로봇의 도입이 반드시 필요하다. 글로벌 주요 자동차 제조사 및 배터리 제조사들은 이와 같은 변화의 흐름에 발맞추기 위해 다수의 산업용 로봇 도입을 추진하고 있다.

공급과 수요의 선두

산업용 로봇 시장에서 가장 눈여겨봐야 하는 시장은 중국과 일본이다. 중국은 전체 수요의 50% 이상을 차지하며 불과 수년 만에 산업용 로봇의 최대 수요 국가로 자리잡았다.

과거 저렴한 인건비와 풍부한 노동력을 강점으로 세계의 공장 역

산업용 로봇 시장 내 중국 수요 비중 추이

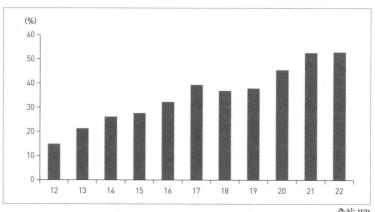

출처: IFR

최근 전체 산업용 로봇 시장에서 중국의 수요가 매우 빠르게 증가하고 있다. 2022년 신규 설치된 산업용 로봇 중 절반이 중국에서 사용되고 있는 것으로 해석해볼 수 있다.

할을 맡아왔던 중국은 여타 선진 국가와 마찬가지로 향후 인구 절벽에 따른 노동력 감소가 예견되고 있다. 이에 따라 국가 차원에서 로봇의 활용을 적극적으로 장려하고 있어 로봇 수요가 매우 빠르게 증가하고 있다.

앞으로 글로벌 공급망이 탈중국의 흐름을 보인다고 하더라도, 중국은 거대한 내수 시장을 토대로 견고한 제조 기반을 유지할 수 있을 것으로 전망된다. 현재 중국의 노동자 1만 명당 로봇 수는 322대에 그쳐 1,000대 수준인 한국에 비해 크게 뒤처져 있다. 그러나 달리 말하면 이는 앞으로 도입할 로봇의 수가 매우 많다는 뜻이 되기도 한다.

국가별 로봇 밀도(노동자 1만 명당 산업용 로봇 대수)

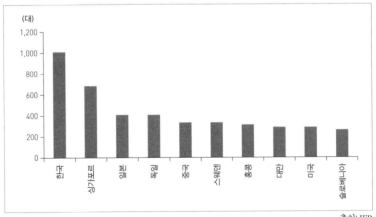

출처: IFR

중국이 절대적인 숫자로 산업용 로봇 수요 1등이라면, 한국은 밀도에서 1등을 차지하고 있다. 제조업 기반의 성장을 달성해온 만큼, 로봇과 같은 자동화 설비도 빠르게 보급된 것이다.

반면 공급 측면에서 글로벌 시장 점유율 50%가 넘는 국가는 중국이 아닌 일본이다. 화낙, 야스카와, 카와사키 등 유수의 산업용 로봇 제조사를 보유한 일본은 산업용 로봇 시장의 압도적인 강자로 자리한다. 일본이 이렇게 산업용 로봇 시장을 압도하고 있는 이유는 무엇일까? 여기서는 높은 제품 신뢰도와 락인(Lock-in) 효과를 중심으로 살펴보겠다.

산업용 로봇은 하나의 공장 자동화 설비이기 때문에 로봇이 고장이 나서 다운타임(downtime)이 발생하는 일은 결코 용납되지 않는다. 따라서 로봇에 높은 수준의 성능이 요구되는데, 이때 기존의 납품 레퍼런스가 해당 로봇의 성능에 대한 신뢰도를 높여준다. 즉 산업용 로봇 시장에서 선제적으로 많은 납품 레퍼런스를 확보한 일본 기업의 신뢰도가 높을 수밖에 없는 것이다.

산업용 로봇은 타사 제품으로 교체할 경우 로봇 브랜드 간 프로그래밍 언어 및 시스템 호환, 사용자 인터페이스 등 운용 면에서 비효율이 발생한다. 그래서 한 번 도입하면 타사 제품으로 전환하기가 어려워 락인(Lock-in) 효과가 발생한다. 이처럼 시장에 대한 높은 진입 장벽은 일본 기업의 지속적인 강세를 전망하게 한다.

물론 중국이 최대 수요국으로 등극하고 자국 로봇 활용을 촉진하고 있는 만큼 중국 로봇 기업의 가파른 성장세가 예상되긴 한다. 그러나 중국 외 아시아, 북미, 유럽에서는 일본산 로봇의 우위가 훼손될 가능성이 크지 않다.

그렇다면 한국의 산업용 로봇 기업은 어느 정도 위치에 있을까? 한국의 대표 산업용 로봇 기업은 HD현대중공업의 자회사인 HD현대로보틱스(비상장)로, 현재 한국 시장 점유율 1위, 글로벌 점유율 10위권을 유지하고 있다. 국내 주요 기업을 대상으로 안정적인 캡티브(captive) 수요를 확보하고 있으나, 향후 성장을 위해서는 적극적인 글로벌 시장으로의 진출이 필요한 상황이다.

무궁무진한
협동 로봇의 미래

협동 로봇은 제조 현장과 서비스 현장을 모두 아우르는 보급형 로봇으로 주목받고 있다. 협동 로봇 시장은 향후 연평균 20% 이상의 높은 성장성을 보여줄 것으로 기대된다. 한국, 유럽, 중국 등 신흥 국가들의 경쟁력이 더욱 부각되는 시장이다.

산업용 로봇의 전방 산업에서 자동차 산업과 전기전자 산업이 차지하는 비중은 각각 28%와 25%이다. 즉 절반 이상이 자동차 및 전기전자 산업에서 활용되고 있는 것으로 파악된다.

산업용 로봇은 특정 단순 반복 작업(조립, 운반 등)을 지치지 않고 빠르게 반복할 수 있기 때문에 소품종 대량 생산의 고정된 생산 라인에서 활용하기에 적합하다. 그래서 산업용 로봇은 자동차와 전기전자 산업을 중심으로 보급되어왔다고 볼 수 있다.

당연히도 자동차 및 전기전자 외의 산업 분야나 중소 제조 기업에

산업용 로봇의 용도별 비중

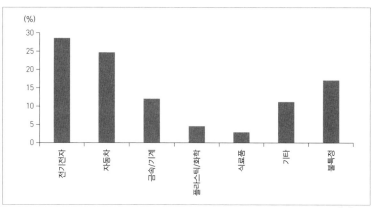

출처: IFR

산업용 로봇은 주로 대량 생산에 특화되어 있기 때문에, 전방 산업에서 전기전자 그리고 자동차 산업이 차지하는 비중이 50%를 넘어간다.

서도 자동화에 대한 수요가 존재했다. 식품과 제약 등 다품종 소량 생산 산업에서도 로봇을 도입해 생산성을 향상하고자 하는 요구가 있었다. 하지만 이들 기업에는 로봇 도입의 장벽이 높았다.

기존의 산업용 로봇은 고정된 형태로 활용되기 때문에 생산 라인과 작업 변화에 유연하게 대응하기 어려웠다. 또한 주로 무거운 물건을 들고 고속으로 작업하기 때문에 안전상의 문제를 해결해야 했다. 로봇 본체 외에도 설치 비용과 시스템 통합 비용이 추가로 발생하는 등 로봇 시스템의 도입 비용도 높았다.

이러한 한계를 극복하기 위한 차세대 산업용 로봇으로서 협동 로봇이 주목받기 시작했다. 협동 로봇은 말 그대로 사람과 협동해 다양한 작업을 수행해내는 로봇으로, 2000년대에 처음으로 공개되었다. 협동 로봇은 기존의 전통적인 산업용 로봇과 다르게 안전하고, 조작이 쉬우며, 가격도 저렴해 다양한 산업 현장에서 유연하게 활용할 수 있다는 장점을 갖는다.

안전하고 가격이 저렴한 협동 로봇

협동 로봇은 국제 표준 규격인 ISO 10218-1(산업용 로봇 설계 및 제조상의 안전 요구 사항)과 ISO 10219-2(로봇 시스템에 관한 안전 요구 사항), ISO/TS 15066(협동 로봇에 관한 안전 요구 사항)에 규정된 안전 가이드라인을 충족시키는 로봇이다.

협동 로봇의 장점 중 가장 특징적인 것은 '동력과 힘의 제어 설계(Power & Force Limiting)'로, 사람과 로봇이 충돌할 때 일정 값(생체역학적 기준값) 이상의 동력 또는 힘이 감지되면 로봇을 멈추게 하는 제어 설계에 대한 기준이다.

현재 산업용 로봇의 조작 방식은 위치 기반 조작이다. 즉 3차원 공간의 X축/Y축/Z축의 특정 좌표를 지정해 로봇의 팔이 해당 좌표까지 이동하거나 어떠한 물체를 잡는 등의 동작을 컨트롤하는 방식이다. 경로상 어떠한 방해물(예를 들어 사람)이 있더라도 사전에 지정한 위치로 동작하는 것을 멈추지 않는다는 특성이 있어, 사람이 끼거나 치이는 등의 사건사고가 다수 발생한 사례가 있다.

전통 산업용 로봇 vs. 협동 로봇

구분	협동 로봇	전통 산업용 로봇
크기	비교적 소형 → 낮은 공간 점유율	다양한 크기의 라인업 존재 → 높은 공간 점유율
가반하중	3~16kg	~200kg+
설치	안전 펜스 불필요(센서로 대체) → 설치 위치 이동 가능	안전 펜스 필요(1.8m 이상) → 설치 위치 고정
공간	사람과 작업 공간 공유	안전 펜스 내 사람 접근 금지
속도	안전을 위한 가감속 가능	빠름
조작	설치 및 운영 용이, 직관적 조작	설치 및 운영 복잡, 조작에 숙련 필요
비용	저가(대당 2,000만~6,000만 원 수준) → 짧은 자금 회수 기간	고가(대당 1억 원 이상) → 긴 자금 회수 기간
공정	다품종 변량 생산에 적합	소품종 대량 생산에 적합

출처: 중소벤처기업부, 유진투자증권

협동 로봇은 큰 틀에서 산업용 로봇과 유사하지만, 자세하게 비교해보면 다른 점이 있다. 전통적인 산업용 로봇 대비 도입 비용이 저렴하고, 안전성을 갖추었으며, 조작 편의성이 높아진 로봇으로 이해할 수 있다.

반면에 협동 로봇의 안전 설계는, 로봇이 사람과 접촉했을 때 사람이 상해를 입을 것으로 예상되는 힘의 값 이상의 힘이 감지될 경우 자동으로 동작을 정지해 사고를 방해하는 개념으로 볼 수 있다.

사실 협동 로봇에 대한 정확한 정의와 구분은 없다. 산업용 로봇 중에서 이러한 안전성에 대한 규정을 충족시키는 로봇을 협동 로봇으로 여기고 있다. 즉 협동 로봇이 지니는 가장 큰 특징은 바로 '안전한 로봇'이라는 점이다. 로봇이 안전성을 확보하게 되면 부가적인

전통 산업용 로봇과 협동 로봇의 비용 비교

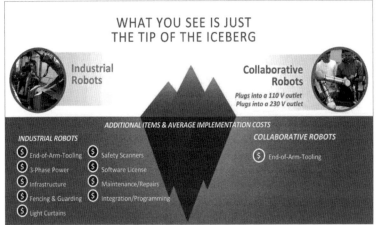

출처: 유니버설 로봇

협동 로봇의 전체 도입 비용이 저렴한 이유는 협동 로봇의 안전성이 높고 조작 편의성이 개선되어 설치 과정에 필요한 여러 비용이 절감되기 때문이다.

이점이 많아진다.

전통 산업용 로봇의 경우 안전성을 확보하기 위해 로봇 주변에 안전 펜스나 레이저 센서 등 다수의 안전 설비가 요구되었다. 안전 펜스를 설치하게 되면 당연히 펜스에 대한 추가적인 비용이 소요된다. 공장 내 차지하는 공간의 면적이 커질 수밖에 없어 공간 효율성이 낮아질 뿐 아니라, 한 번 설치하면 라인을 변경하기가 쉽지 않다는 단점도 존재한다.

이와 다르게 협동 로봇은 애초에 로봇 설계 자체가 안전성을 확보한 만큼 주변에 안전 설비를 반드시 설치할 필요가 없다. 전통 산업용 로봇 대비 안전하면서도 전체적인 도입 비용이 낮고, 로봇을 이

전통 산업용 로봇과 협동 로봇의 투자 회수 기간 비교

구분	항목	전통 산업용 로봇	협동 로봇	비고
P	로봇 가격(백만 원)	33	39	로봇 본체
A	도구 및 비품 가격 (백만 원)	44	9	주변 기기
I	설치 비용(백만 원)	52	4	시스템 통합 비용
L	인건비(시간당, 백만 원)	0.02	0.02	제조업 시간당 임금
O	유지 비용 (시간당, 백만 원)	0.005	0.005	한달 사용량 1만 kw 월평균 전기료는 약 100만 원
H	연간 근무시간(시간)	2,000	2,000	8시간 ×250일
D	감가상각비(백만 원)	11	4	상각연수 12년 정액법(잔존가치 0원)
투자회수기간(년)		3.2	1.5	계산식: (P+A+I)/((L−O)×H+D)

출처: 유진투자증권

협동 로봇 자체의 가격이 저렴하다는 생각은 사실 오해이다. 로봇 단품으로 비교해보면 오히려 협동 로봇이 조금 더 고가의 로봇으로 파악된다. 전체적인 도입 비용을 비교했을 때 협동 로봇이 가격적인 메리트가 있다고 보는 편이 정확할 것이다.

동시키면서 유연하게 활용할 수 있다. 즉 기존 로봇의 한계를 한층 극복할 수 있는 것이다. 최근에는 AMR(Autonomous Mobile Robot, 자율 이동 로봇)을 협동 로봇에 결합해 이동성을 부여하는 케이스도 증가하고 있다.

참고로 협동 로봇의 도입 비용은 시스템 전체를 도입했을 때 약 5,000만 원 수준으로 추정된다. 전통 산업용 로봇이 대당 1억 원 정도 소요되는 점을 고려하면 불과 절반 가격으로 협동 로봇을 구매해 활용할 수 있는 것이다.

수요자의 투자 회수 기간 관점에서도 협동 로봇은 뛰어나다. 전통 산업용 로봇은 투자 회수까지 약 3년 정도 소요되는 데 반해, 협동 로봇은 약 1년 내외면 투자 회수가 가능하다.

게임 하듯 쉽게 조작하는 협동 로봇

협동 로봇의 또 다른 장점으로는 사용자 편의성이 높아졌다는 점이다. 협동 로봇을 포함해 모든 산업용 로봇은 동작을 위해 사전에 작업을 지정하는 작업 교시를 위한 프로그래밍이 필요하다. 협동 로봇은 안전성을 확보했기 때문에 사람이 직접 로봇을 만져가면서 원하는 동작을 지시할 수 있다. 프로그래밍을 하는 경우에도 별도의 프로그래밍 언어를 배울 필요가 없이 일반 태블릿PC 등을 활용해 직관적이면서 쉽게 교시할 수 있다.

물론 전체적인 공정 설계 또는 초기 도입 등의 시스템 통합(System Integration) 과정에서는 여전히 로봇 엔지니어의 역할이 필요하다. 그러나 전통 산업용 로봇은 프로그래밍을 위해 반드시 로봇 전문 엔지니어가 필요했다면, 협동 로봇은 조작에 대한 장벽이 한층 낮아져 현장 인력이 충분히 교육만 받는다면 마치 게임을 하듯이 간단한 변

전통 산업용 로봇(좌)과 협동 로봇(우)의 티치 펜던트 비교

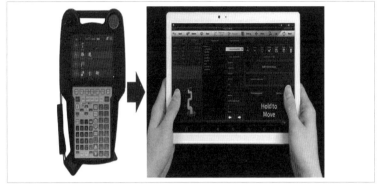

출처: Fanuc, 뉴로메카, 유진투자증권

전통 산업용 로봇은 공학용 계산기처럼 생긴 프로그래밍 기기를 활용해 작업을 지시해야 하지만, 협동 로봇은 태블릿PC 등을 이용해 상/하/좌/우의 버튼을 누르기만 해도 로봇이 움직인다. 기기상에서 협동 로봇이 움직이는 모습을 가상으로 확인할 수도 있다.

경 등을 자체적으로 운용할 수 있다.

교시 방식이 점차 발전함에 따라 사용자 편의성이 더욱 높아질 것으로 기대된다. 앞으로는 로봇이 사람의 동작을 모방하는 기술 교시, 음성으로 지시할 수 있는 음성 교시 등 로봇 제어에 대한 난이도가 점점 낮아짐으로써 로봇의 보급이 더욱 가속화될 것이다.

협동 로봇의 활용

저렴한 가격, 효율적인 공간 활용, 높은 안전성을 앞세운 협동 로봇의 등장으로 제조 분야에서 로봇 활용이 더욱 확대될 것으로 전망된다. 이로써 자동차 및 전기전자 산업뿐만 아니라 식료품, 화장품, 의료·제약 등 다양한 산업, 그리고 대기업 외 중소 제조 기업에서도 로봇 활용을 통한 단순 반복 작업의 효율화와 품질 유지를 누릴 수 있게 되었다.

최근에는 협동 로봇이 서비스 분야에도 등장하면서 그 활용성이 점차 확대되고 있는 상황이다. 협동 로봇은 치킨, 커피 등 음식을 조리하거나 물류 창고에서 박스를 옮기는 등 다양한 용도로 활용되며 어플리케이션이 다변화되기 시작했다. 미래에는 협동 로봇이 범용 로봇 팔 플랫폼으로 변화되어 가사 현장에서 활용할 수 있는 시대가 올 것이다.

지금까지의 내용을 보면 협동 로봇이 마치 모든 것을 해결해주는 만능 로봇인 것으로 생각될 수도 있겠다. 하지만 협동 로봇에도 단점이 있다. 협동 로봇은 안전성을 확보하기 위해 로봇의 설계 또는 제어에 따라 파워를 일부 제한한다. 따라서 동작 속도가 느리고, 통상적으로 로봇이 들 수 있는 무게(가반하중)가 1~30kg 수준이다.

이러한 협동 로봇의 단점 때문에 고속 및 고중량 핸들링 작업이 요구되는 분야에서는 여전히 전통 산업용 로봇이 계속해서 활용될 것으로 전망된다. 다시 말해 전통 산업용 로봇을 협동 로봇이 완전히 대체할 수는 없을 것이다.

협동 로봇의 가파른 성장세

단기적으로는 전통 산업용 로봇과 협동 로봇이 구분되어 쓰이겠지만, 장기적으로는 전통 산업용 로봇이 안전성을 확보해 협동 로봇화되는 그림도 예상해볼 수 있다. 일부 시장에서는 '전통 산업용 로봇 대 협동 로봇'의 구도로 어떤 로봇이 더 첨단이고 좋은지 구별해내려는 움직임도 있다.

하지만 여기서 우리가 주목해야 하는 점은, 과거에 로봇이 쓰이지

협동 로봇 시장의 규모 전망

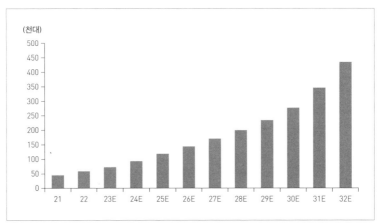

출처: 야노경제연구소

협동 로봇 시장 규모에 대한 전망치를 공신력 있게 발표하는 데이터는 아직 없다. 따라서 시장 조사 기관의 전망치를 주로 참고하게 되는데, IFR이 매년 공개하는 데이터와 가장 유사한 수치와 추세를 보이는 것이 바로 일본의 야노경제연구소가 공개하는 데이터다. 해당 전망치에 따르면 2032년에는 글로벌 협동 로봇 시장 규모가 무려 40만 대 이상까지 확대될 것으로 예상된다.

못했던 분야에서도 로봇이 보급될 수 있는 여건이 갖추어지고 있으며 그 기회를 협동 로봇이라는 새로운 유형의 로봇이 열어가고 있다는 사실이다.

협동 로봇의 시장 규모는 2022년 기준 5.5만 대로 전체 산업용 로봇 시장에서 10%의 비중을 차지하고 있다. 협동 로봇이 세상에 처음 공개된 지 10여 년의 시간이 흐른 현재, 협동 로봇의 성장 각도는 점차 가팔라지고 있다. 2017년의 1.1만 대에 불과했던 협동 로봇 시장은 2023년에 7.1만 대, 2032년에 무려 43만 대 규모의 시장으로

산업용 로봇 종류별 출하량 변화(vs 2019)

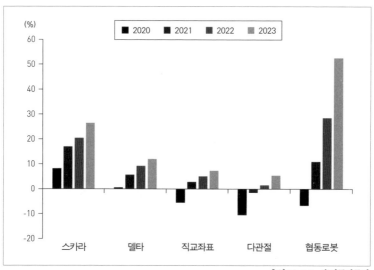

출처: Statista, 유진투자증권

스카라/델타/직교좌표/다관절은 전통적인 산업용 로봇 유형이다. 이들과 비교해 협동로봇의 출하량이 2023년 기준 2019년 대비 가장 크게 증가하고 있어, 협동 로봇의 강력한 성장세를 확인해볼 수 있다.

성장할 전망이다. 연평균 20%의 고성장이 기대되는 로봇 분야이다.

협동 로봇 분야의 최대 강자는 2005년 3명의 엔지니어가 창립한 덴마크 기업 유니버설 로봇(Universal Robots)이다. 유니버설 로봇은 무겁고, 비싸며, 수요자가 로봇에 모든 것을 맞춰야 하는 로봇의 한계를 극복하기 위해 설치 및 프로그래밍이 간편한 경량 로봇의 개발을 목표로 삼았다. 이들은 2008년에 첫 협동 로봇 제품을 출시했으며, 현재까지 누적 약 8만 대의 협동 로봇을 납품하면서 글로벌 시장 점유율 1등을 차지하고 있다.

그 밖에 주요 기업으로 일본의 화낙, 중국의 아우보(AUBO), 대만의 테크만 로봇(Techman Robot), 스위스의 ABB 등이 있고, 한국 기업으로 두산로보틱스, 레인보우로보틱스, 뉴로메카 등이 있다.

현재 유니버설 로봇을 제외하고는 시장 점유율 기준으로 압도적인 우위에 있는 기업은 없다. 오히려 초기 시장을 선점하기 위한 각축전이 벌어지고 있는 상황이다.

로봇 기술이 상향 평준화되어 동작 속도나 정확성 등 로봇 자체의 기술적 변별력은 크게 부각되는 경쟁 요소가 아닌 것으로 판단된다. 그보다 가격과 유지, 보수 등의 서비스 능력, 로봇 SW 기술력, 로봇 솔루션/어플리케이션, 판매 네트워크의 경쟁력 등이 더욱 부각되고 있다. 아직 초기 시장 단계에 있는 만큼 현재의 구도는 얼마든지 변화할 가능성이 있다.

최근 일본 기업과 중국 기업의 공세가 거세다. 일본 기업 화낙의 경우 현재 협동 로봇 생산 능력을 월 1,000대 수준까지 늘려 생산 기반을 마련하고, 국내외 로봇 전시회에서 협동 로봇을 중점적으로 어필하면서 공격적인 영업에 나서고 있다.

협동 로봇의 주요 제조사 비교

구분	두산로보틱스	유니버설 로봇	화낙	테크만 로봇	ABB
대표 제품					
설립연도	2015년	2005년	1972년	2015년	1883년
소재지	한국	덴마크	일본	대만	스위스
제품 라인업	13개	5개	7개	10개	7개
가반하중 (kg)	5~25kg	3~20kg	4~30kg	4~20kg	4~12kg
안전등급	PLd, Cat 3 ~ PLe, Cat 4	PLd, Cat 3	PLd, Cat 3 ~ PLe, Cat 4	PLd, Cat 2 ~ PLd, Cat 3	N/A
주요 판매 지역	북미, EU, 한국	북미, EU	북미, EU, 아시아태평양	아시아태평양, 한국	북미, EU

출처: 두산로보틱스

주요 협동 로봇 제품들을 비교해보면, 사실 생긴 것도 비슷하고 들 수 있는 무게(가반하중) 등 스펙상으로도 큰 차이가 없어 보인다.

일본이 협동 로봇 분야의 선구자가 되지 못한 이유

사실 협동 로봇 분야에서 시장 점유율 1위 기업이 일본의 화낙이 아닌 덴마크의 유니버설 로봇이라는 점은 굉장히 의외인 부분이다. 산업용 로봇 강국인 일본은 왜 협동 로봇 분야에서는 선구자가 되지 못했을까?

일본은 과거 2000년대 초반 협동 로봇의 개발 초기에 소극적으로 대응하며 시장 선점의 기회를 유니버설 로봇에 빼앗겼다. 협동 로봇의 동작 속도와 가반하중을 고려했을 때 과연 수요가 있을지 불확실했고, 당시 협동 로봇 수요 자체도 워낙 적었다. 이런 이유 때문에 새로운 수요를 개척하기보다는 이미 성숙한 전통 산업용 로봇 분야에 주력하는 편이 낫다고 판단했을 것이다.

점차 협동 로봇 시장이 커져가고 주목받기 시작하자, 산업용 로봇 레거시 기업인 화낙도 협동 로봇 분야에서 우위를 점하기 위해 다양한 노력을 펼치기 시작했다. 화낙은 이미 다수의 고객에게 전통 산업용 로봇을 판매하면서 축적한 판매 네트워크와 납품 레퍼런스, 브랜드 이미지를 기반으로 시장에서 유력한 경쟁자로서 급부상하고 있다.

저렴한 가격이 협동 로봇의 경쟁력이다

협동 로봇의 수요자는 단순히 성능만으로 로봇 도입을 결정하지 않는다. 협동 로봇도 산업용 로봇의 일종이고 그만큼 안정적인 성능을 요구하는 것은 당연하지만, 이제는 협동 로봇이 F&B와 물류 등 다양한 서비스 용도로도 활용이 확대되고 있는 만큼 가격 등 성능 외 요소가 중요한 평가 요소로 작용하고 있다.

협동 로봇 분야에서 새롭게 떠오르고 있는 국가는 중국이다. 중국은 자국 내 수요에 발맞추어 빠른 속도로 판매 대수를 늘려가고 있으며, 저렴한 자국산 부품과 정부 지원금을 적극 활용해 높은 가격 경쟁력을 내세우고 있다.

중국 내 시장 점유율 3위 기업인 자카 로보틱스(JAKA Robotics)의 2022년 로봇 판매 대수는 약 3,600대 수준으로 한국의 최대 협동 로봇 기업인 두산로보틱스의 약 2배 규모이다. 중국의 전체 협동 로봇 시장 규모는 2022년 기준 2만 대 수준으로 글로벌 시장에서 약 50%를 차지하고 있어, 글로벌 산업용 로봇 시장에서 중국이 차지하는 비중과 유사하다.

가격의 경우, 자카 로보틱스 기준으로 하위 기종은 1,200만 원, 상위 기종은 1,900만 원 수준으로, 협동 로봇 평균 가격인 3,000만 원과 비교하면 가격 격차가 상당히 크다.

이처럼 풍부한 내수에 기반한 레퍼런스 확보 및 기술 고도화, 양산 및 정부 지원에 따른 가격 절감은 향후 중국 기업의 글로벌 경쟁력으로 작용할 것으로 예상된다.

한국의 협동 로봇 현황

한국 또한 협동 로봇 시장에서 점차 두각을 나타내기 시작했다. 대표 기업인 두산로보틱스의 경우 현재 글로벌 시장 점유율 약 4~6% 수준을 차지하고 있으며, 글로벌 시장에서 4~6위권을 기록하고 있다. 그 밖에도 레인보우로보틱스, 뉴로메카 등 다수의 국내 로봇 기업이 협동 로봇 사업을 영위하고 있고, 한화 그룹 등 일부 대기업에서도 본격적으로 협동 로봇의 사업화에 나서면서 국내 시장에서의 관심도가 점차 높아지고 있는 상황이다. 한국 기업들의 포지셔닝은 유럽과 중국의 중간 지점에 위치한다.

두산로보틱스는 13개 제품 라인업을 갖추어 국내외 경쟁사와 비교해 수요자들에게 폭넓은 선택지를 제공하고 있다. 뿐만 아니라 선제적으로 20kg 이상의 고가반하중 라인업을 출시하며 고가반하중 시장을 선도하고 있다. 또한 국내외 100여 개 이상의 판매 채널을 확보하는 등 풍부한 영업망을 구축한 점도 높은 경쟁력으로 작용하고 있다.

한편 레인보우로보틱스의 경우 전체적인 외형은 두산로보틱스보다 작지만 모터와 센서, 제어기 등 협동 로봇의 주요 부품을 내재화해 원가 절감을 이루어냈다. 이에 따라 제품의 가격 경쟁력이 뛰어나다는 강점을 가지고 있다.

협동 로봇 시장의 경쟁 강도가 점차 심화되고 있는 가운데, 앞으로 협동 로봇 시장에서 어떤 국가의 어느 기업이 승자가 될지 예측하기는 어렵다. 그러나 분명한 것은 초기 시장을 선점하는 기업이 유리한 고지에 오를 것이라는 사실이다. 초기 시장을 선점하기 위해서는 원가 절감을 통해 가격 경쟁력을 갖추고, 협동 로봇 활용 어플리케이션의 개발 등을 통해 새로운 시장을 창출하는 등 시장의 흐름을 주도해나가야 한다.

서비스 로봇 분야, 물류부터 간다

서비스 로봇 시장이 본격적인 성장 국면을 맞이했다. 그중에서도 가장 주목해야 할 분야는 물류 로봇 분야이다. 물류 창고, 공장, 실외 배송 등 다양한 물류 현장에서 로봇 활용의 확대가 예상된다.

서비스 로봇 시장에서 가장 성공한 로봇은 무엇인 줄 아는가? 의외로 가정용 청소기 로봇이다. 오래전부터 서비스 로봇은 인간의 삶을 더욱 편리하고 윤택하게 만들어줄 존재로서 많은 관심을 받아왔지만, 대중화에 성공한 로봇은 청소기 로봇이 유일하다.

그동안 여러 서비스 로봇이 개발되어 출시되었으나, 대부분 오래가지 못하고 역사 속으로 사라졌다. 서비스 로봇이 우리 삶에 정착하지 못한 이유는 크게 3가지를 꼽을 수 있다.

첫째, 로봇의 기술 수준이 기대에 미치지 못했기 때문이다. 둘째,

비용 대비 효과가 크지 못했기 때문이다. 셋째, 인간에게 진정으로 필요한 서비스가 아니었기 때문이다.

서비스 로봇의 대중화

로봇의 대중화에서 가장 필요한 요소는 비용(투자) 대비 효과가 좋을 것, 높은 기술력은 아니더라도 사람들의 기대 수준은 충족할 것 등을 생각해볼 수 있다.

2000년대에 처음 출시된 청소기 로봇은 초창기만 해도 비싼 가격과 부족한 성능 때문에 생각보다 널리 보급되지는 못했다. 하지만 현재는 카메라 센서와 라이다 센서를 부착해 로봇이 집 안 구조를 스스로 지도화한 뒤 자기 위치를 인식하면서 청소하는 수준까지 기술이 발전했다.

뿐만 아니라 다양한 업체가 청소기 로봇을 출시하면서 소비자들의 선택의 폭을 넓혔고, 경쟁이 심화되어 가격도 합리적인 수준까지 하락했다. 대중화를 위한 요건을 갖추게 된 것이다.

앞으로 성공할 서비스 로봇의 유형을 예측할 때 가장 중요한 포인트는 무엇일까? 바로 산업용 로봇과 마찬가지로 '노동력 부족'이다. 제조 현장뿐만 아니라 서비스 현장에서도 인력 부족 문제가 갈수록 심각해지고 있는 상황이라 자동화 수단에 대한 필요성이 갈수록 확대될 것이기 때문이다.

참고로 서비스 로봇은 전문 서비스 로봇과 개인 서비스 로봇으로 구분할 수 있는데, 단기 관점에서는 개인 서비스 로봇보다는 전문 서비스 로봇 시장을 중심으로 개화가 이루어질 것으로 전망된다. 왜냐하면 개인 서비스 로봇이 전문 서비스 로봇보다 기술적 요구사항이 높고, 당장 급한 것이 아니기 때문이다.

전문 서비스 로봇 시장은 기업이 주고객인 B2B 시장이다. 기업도 개인만큼이나 많은 요구사항을 가지고 있기는 하지만, 로봇을 활용하는 이유가 단순히 삶의 질을 높이고 편리함을 추구하는 것이 아니라는 점이 일반 소비자와 다르다.

전문 서비스 로봇 시장에서는 간단한 기능이더라도 조금이라도 효율성을 높여주고 비용도 줄여주면서 부족한 인력 문제를 해결시켜준다면 충분히 도입 검토가 이루어질 수 있다. 즉 수용성의 측면에서 전문 서비스 로봇 시장의 개화가 조금 더 빠르게 이루어질 수 있다고 예상하는 것이다.

물류 산업에서 활용되는 서비스 로봇

가장 주목해야 할 분야는 바로 물류 산업이다. 물류란 물건의 흐름이라는 뜻으로 물건을 특정 목적지까지 이동시키는 활동이다. 물건

물류 작업별로 로봇을 적용한 모습

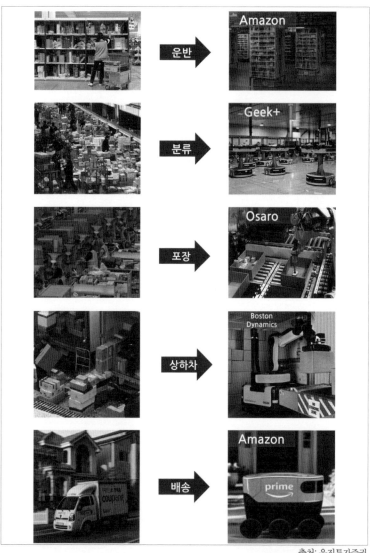

출처: 유진투자증권

물류의 다양한 과정에서 로봇 활용이 확대되기 시작했다. 그중 가장 많이 도입되고 있는 분야는 운반 분야이다. 포장과 상하차, 배송 등, 로봇이 다양한 환경과 물체를 스스로 인지하고 판단해서 작업해야 하는 분야까지 기술 발전이 진행되고 있다.

을 이동시키는 일에 순수한 사람의 힘이 많이 필요했던 만큼, 그동안의 물류 산업은 노동 집약적인 산업으로 여겨져왔다. 그런데 현재 물류 산업에서 일할 사람이 부족한 상황이 지속되고 있다. 한국에서도, 미국에서도 물류 산업의 노동력 부족 문제는 정말로 심각하다.

물류 작업의 난도도 한층 더 높아지고 있다. 택배업의 경우 소비자들이 점점 더 빠른 배송을 원하고 있어 물류의 속도를 높일 필요성이 커졌다. 코로나 이후 온라인 쇼핑이 활성화되면서 벌크 단위의

CJ대한통운 소형화물 비중 추이: 조금씩 자주 주문한다

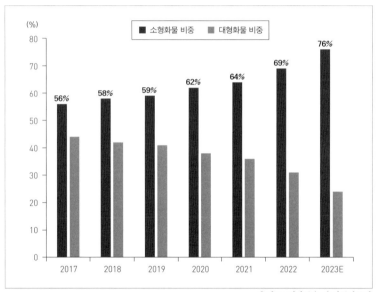

출처: CJ대한통운, 유진투자증권

CJ대한통운의 소형화물 비중이 코로나 이후 빠른 속도로 늘어나고 있다. 예전에는 사람들이 필요한 것을 한꺼번에 모아서 많이 시켰다면, 이제는 필요할때마다 자주 조금씩 주문하는 소비 행태로 변화하고 있는 것이다. 이에 따라 물류 현장에서 처리해야할 물동량은 폭발적으로 증가하고 있다

물류 로봇의 주행 형태와 주요 용도별 특징

항목	AGV	AMR	GTP
이미지			
위치/경로 인식 방법	바닥의 자기 테이프 또는 특정 가이드에 따라 동작	카메라, 레이더 등을 활용한 SLAM 기술로 창고 내 레이아웃 및 설비를 인식한 뒤 자율적으로 경로를 산출해 동작	바닥의 QR코드로 선반의 위치와 로봇의 현재 위치를 인식해 목적지까지 주행
장애물 대응 방법	장애물 탐지는 가능하나, 회피는 불가함	장애물을 탐지해 회피 가능	기업/로봇 별로 상이함 * 키바 로봇의 경우 장애물을 탐지해 신규 경로를 재탐색 * 버틀러 로봇의 경우 장애물 탐지 시 정지
설치 레이아웃	사람과 같은 공간 내 동작이 가능하나, 자기 테이프 설치 등 유도선 확보가 필요	사람과 같은 공간에서 동작. 기존 설비의 레이아웃 변경은 불필요	사람과 로봇은 다른 공간에서 작업하고, 로봇 전용 레이아웃 설계가 필요
신규 도입 및 변경	신규 도입에는 자기 테이프 등 가이드 설치가 필요하며, AMR 대비 공사 기간과 비용이 더 소요됨. 경로가 고정되어 있어, 변경 시 가이드의 재설치가 필수	전용 설비의 설치가 필요 없기 때문에 AGV, GTP 대비 간단하게 도입할 수 있음. 경로는 언제든지 유연하게 변경할 수 있음	창고 내 전용 레이아웃 설계, QR 코드나 전용 선반 설치 필요. AMR 도입 대비 공사 기간과 비용이 소요됨. 도입 이후에는 레이아웃 변경하지 않음

출처: NRI, 유진투자증권

물류 로봇 시장을 들여다볼 때 가장 많이 볼 수 있는 단어가 바로 AGV와 AMR일 것이다. 기술적으로는 AMR이 더 어려워 보이고, 실제로도 그러하다. 그러나 기술적으로 어렵다고 해서 AMR이 더 좋은 로봇이라고 생각한다면 그것은 오해이다. 물류 환경, 그리고 수요자의 니즈에 따라 AGV가 쓰이기도 하고, AMR이 쓰이기도 하는 것이다.

구매에서 낱개 단위 구매로 구매 형태가 변화해 처리 물동량 또한 크게 증가했다. 과거와 같은 물류 처리 방식으로는 대응이 어려워지고 있는 것이다.

이러한 흐름 속에서 물류 산업은 기술에 투자할 수밖에 없게 되었다. 물류 산업이 노동 집약적 산업에서 기술 중심, 자본 중심의 산업으로 변화하면서 물류 로봇과 같은 자동화 설비에 대한 수요가 크게 증가하기 시작했다.

물류 기능은 크게 운송/배송과 물류 창고 내 하역(물건의 반·출입, 적재 등), 보관, 포장, 유통 가공 등으로 나뉜다. 그리고 현장에서 이루어지는 주요 작업은 물건 검품, 피킹, 이동, 분류, 포장, 하역, 배송 등으로

오토스토어의 큐브형 창고 자동화 시스템

출처: 오토스토어

오토스토어(Autostore)의 창고 자동화 시스템은 물건이 담긴 선반과 선반 사이에 사람이 지나다니는 통로를 모두 없애고, 그 공간을 보관 공간으로 활용해 공간의 효율성을 추구한다. 물건은 맨 위층의 로봇이 돌아다니면서 꺼내준다.

구분된다.

물류 작업은 대체로 단순 반복 작업이다. 처리량에 따라서는 상당히 고되고, 무거운 물건을 다루다 보면 부상의 위험도 있어 사람들이 기피하는 측면이 있다. 그러나 로봇에게 단순 반복 작업은 제일 자신 있는 분야이다. 로봇은 24시간 365일 쉼 없이 작업을 수행할 수 있는 데다 부상의 염려 또한 없다. 즉 물류 산업은 로봇을 활용하기에 매우 적합한 분야인 것이다.

이미 다양한 물류 작업 현장에서 로봇의 활용이 이루어지고 있다. 가장 대표적인 물류 기업인 미국 아마존의 경우 2013년만 하더라도 보유 물류 로봇 수가 불과 1만 대에 그쳤다. 그러나 2023년에는 그 수치가 75만 대까지 늘어나면서 빠른 속도로 자동화 전환이 추진되고 있다.

한국의 대표 물류 기업인 CJ대한통운도 2022년부터 일부 물류 센터에 로봇을 도입하고 있다. 이처럼 물류 산업에서의 로봇 도입은 거스를 수 없는 흐름이 되었다.

첨단 로봇 유형인 휴머노이드가 가장 먼저 적용되기 시작한 분야도 바로 물류 산업이다. 2025년부터 본격적으로 양산할 예정인 미국의 애질리티 로보틱스의 휴머노이드 로봇 디짓(Digit)은 이미 아마존의 물류 창고에서 실증 실험이 진행되고 있다.

물류 로봇이라고 하면 흔히 바퀴가 달리고 납작한 형태의 이동형 로봇을 많이 떠올린다. 전문 용어로 AGV(Automatic Guided Vehicle) 또

아마존의 인간 노동자&로봇의 전년비 증분

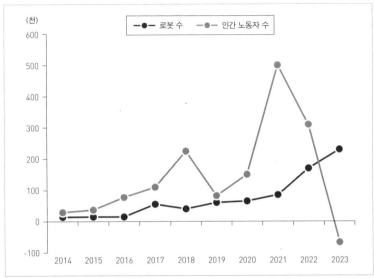

출처: 유진투자증권

전년대비 아마존 내 로봇과 인간 노동자 수가 변화했는지를 나타내는 표이다. 2022년까지는 인간과 로봇 모두 증가하는 추세였지만, 2023년에는 로봇만 그 수가 늘어나고 인간은 전년대비 감소세로 전환되었다.

는 AMR(Autonomous Mobile Robot)이라고 하는 유형의 로봇들이다.

AGV는 테이프나 QR코드 같은 사전에 지정된 유도체를 따라 이동하는 이동 로봇이며, AMR은 카메라나 레이더 등 센서를 통해 주변 환경을 인식하는 동시에 자기 위치를 파악하고 스스로 이동 경로를 생성해 자율적으로 이동하는 로봇이다.

이러한 이동형 로봇들은 주로 물건의 운반이나 분류에 활용된다. 대표적인 어플리케이션으로는 GTP(Goods to Person) 기능을 꼽아볼 수 있다. 과거 물류 창고에서는 고객의 주문을 수신하면 사람이 직접 해당 주문 정보를 확인한 뒤 카트를 끌고 창고 내에 보관된 물건을 찾아다니는 형태였지만, 이제는 AGV와 같은 로봇이 주문받은 물건이 담긴 선반(Rack)을 사람이 있는 스테이션까지 가지고 오는 방식으로 변화했다.

예전에는 사람이 하루에 최대 20km 가까이 걸어 다니며 일했기 때문에 육체적 부담이 크고 효율성이 낮았다. 하지만 GTP가 도입된 뒤로는 작업 속도가 향상되었고, 공간의 효율성 또한 추구할 수 있게 되었다.

최근에는 점차 기술이 발전하면서, 로봇 팔이 부착된 이동 로봇이 카메라와 인공지능을 접목한 비전 인식 기술 시스템을 활용해 물건을 집는 행위까지 가능해졌다. 점차 로봇이 수행할 수 있는 물류 작업이 운반에서 포장, 피킹, 상하차까지 확대되고 있는 것이다.

이처럼 개별적으로 로봇을 활용하는 방법 외에도, 물류 창고를 통째로 자동화해서 효율성과 신속성을 극대화한 큐브형 창고 자동화 시스템도 많은 주목을 받고 있다.

이렇게 로봇을 도입하게 되면 어떤 효과가 있을까? 아마존의 경우 AGV 도입 결과 운영 비용 20% 절감, 공간 활용 50% 향상, 물류 순환 속도 1/3 단축을 달성했다. CJ대한통운의 경우 운영 효율성 33% 향상, DHL의 경우 출하 효율 40% 향상 등의 다양한 효과를 거두고 있다.

창고 밖의 물류 로봇

물류 로봇은 단순히 물류 창고에서만 쓰이지 않는다. 물류 창고 외에도 공장 내 물류, 실외 배송, 층간 배송 등 다양한 분야에서 활용된다.

공장의 경우 과거에는 고정된 형태로 운용되는 컨베이어 벨트와 같은 자동화 설비를 활용했다. 그러나 제조 형태가 소품종 대량 생산에서 다품종 소량 생산으로 변화함에 따라 유연 생산에 대한 요구가 높아지고 있어, 로봇을 물류에 적용하고자 하는 움직임이 나타나

현대차그룹 HMGICS에 적용된 물류 로봇

출처: 현대차그룹

자동차 산업은 대량 생산의 표본으로, 각 차종별로 고정된 라인에서 순차적으로 조립되어가는 공정이었다. 그러나 이제는 소비자들의 수요가 다양해지면서 자동차 산업에도 유연 생산의 필요성이 커지고 있는 실정이다. 컨베이어벨트와 같은 설비로는 이러한 수요에 대응하기 어렵기 때문에 점차 로봇을 활용하는 흐름으로 나아가고 있다.

실외 배송을 수행 중인 자율주행 로봇

출처: 스타십 테크놀로지스

위의 사진을 보면, 로봇이 혼자서 주행하고 있다. 스스로 길을 찾아 돌아다니는 그 능력에 감탄사가 절로 나온다. 그러나 아직 자율주행 기술이 완벽하지 않기 때문에, 실제로는 사람이 로봇의 주행 현황을 모니터로 체크하며 필요 시 개입하는 경우가 다수 있다.

고 있다. 미국의 시장 조사 기관인 가트너(Gartner)는 2028년까지 대기업의 50%가 창고 또는 제조 현장에서 물류 로봇을 도입할 것으로 전망한다.

실외 배송 분야에서도 '라스트 마일 딜리버리'(Last Mile Delivery, 주문 상품이 소비자에게 전달되기 직전의 마지막 배송 단계)에 로봇을 도입하기 시작했다. 물론 아직 완전 자율주행을 통한 로봇 배송이 가능한 상황은 아니기에, 일부 원격 관제와 자율주행을 결합한 형태로 초기 운용이 이루어지고 있다.

한국의 경우 지능형 로봇법과 도로교통법, 생활물류법 등 다양한 법적 규제로 인해 본격적인 실외 배송 로봇의 보급이 어려웠지만,

3장

2023년에 관련 법안이 모두 개정되어 실외 배송 로봇 시장이 본격적으로 태동하기 시작했다.

실외 배송의 경우 로봇이 외부를 잘 돌아다니는 것도 중요하지만, 한국의 경우 아파트 등 고층 빌딩이 많아 층간 배송에 대한 능력이 필요하다. 로봇과 엘리베이터 간 통신 연동을 실시하거나, 이동 로봇에 로봇 팔을 탑재해 직접 외부 환경을 극복하게 하는 등 한계 극복을 위한 다양한 노력이 이루어지고 있다.

실외 이동 로봇과 관련한 한국의 법안 개정 현황

구분	현황	주요 내용
지능형 로봇 개발 및 보급 촉진법 일부 개정	2023년 5월 16일 공포	- 실외 이동 로봇 정의 신설 - 손해보장사업 근거 마련 - 운행안전인증 신설 - 보험 또는 공제 가입 의무 신설
도로교통법 일부 개정	2023년 4월 18일 공포	- 실외 이동 로봇 정의 규정 - 로봇을 보행자에 포함시켜 보도 통행 및 법정 의무 부담 가능케 함
개인정보보호법 일부 개정	2023년 3월 14일 공포	- 이동형 영상정보처리 기기 운영 기준 마련(촬영 시 안내판 등으로 촬영 사실 표시)
생활물류 서비스 산업발전법 일부 개정	2024년 1월 5일 공포	- 택배 서비스 사업과 소화물 배송대행 서비스 운송수단에 로봇 추가

출처: 유진투자증권

이미 유럽과 미국, 중국 등 일부 국가에서는 실외 이동 로봇의 상용화가 이루어졌기 때문에 한국이 조금 늦은 감이 있다. 2023년에 실외 이동 로봇의 실외 주행과 관련한 다수의 규제가 해제되어, 이제 한국도 본격적인 실외 이동 로봇 시대를 맞이하게 되었다.

세계 물류 로봇 시장의 현황

물류 로봇 시장은 미국과 유럽 그리고 중국 기업이 주도하고 있지만 물류 창고와 공장 물류, 실외 배송 등 각 분야에서 주요 기업은 모두 다르다.

먼저 물류 창고 로봇 분야를 살펴보면, 대표 기업으로 아마존 로보틱스(Amazon Robotics)가 있다. 아마존 물류 창고에서 활용되고 있는 AGV인 키바 로봇(KIVA Robot)을 만드는 아마존 산하 기업으로, 이미 수십만 대의 공급 레퍼런스를 보유하고 있지만 외부 기업에는 로봇을 판매하지 않는다. 그래서 실질적인 1위 기업은 중국의 긱플러스(Geek+)인 것으로 파악된다. 긱플러스는 현재까지 약 3만 대가량의 로봇 납품 실적을 보유하고 있는데, 한국의 CJ대한통운과 쿠팡 등 주요 물류 업체가 도입한 로봇도 모두 긱플러스의 로봇이다. 일본에서는 긱플러스의 점유율이 무려 70%에 달한다.

물류 창고 외에 공장 물류의 경우에는 덴마크의 미르(MiR), 일본의 오므론(OMRON) 등이 주요 기업으로 꼽히고, 실외 배송 로봇 분야에서는 미국의 스타십 테크놀로지스(Starship Technologies), 키위봇(Kiwibot), 서브 로보틱스(Serve Robotics) 등이 시장을 선도하고 있는 상황이다.

이처럼 해외 기업이 물류 로봇 시장을 주도하고 있는 것으로 보이지만, 한국에도 아직 기회는 있다. 가장 주목해야 할 분야는 공장 물류 분야이다. 공장 물류 로봇은 요구되는 능력이나 역할이 물류 창고 로봇과 비슷하게 생각되지만 차이점도 여럿 존재한다.

공장 물류는 제조 공정이 모두 다르고 각자의 설계에 맞게 구성되어야 하므로 공장마다 로봇에 커스터마이징을 해야 하는 경우가 많다. 이뿐만 아니라 도입 이전 단계와 물류 공정 설계 등 도입 단계의 과정이 복잡하고, 도입 이후에도 지속적으로 사후 관리가 요구되기 때문에 물류 로봇 기업과 수요 기업의 커뮤니케이션이 매우 중요하다.

한국을 예로 들자면 반도체 같은 첨단 전략 산업 분야의 경우 공정에 대해 철저한 보안이 필수적인데, 물류 로봇의 경우 보통 카메라 센서를 부착해 외부 환경을 인식하기 때문에 보안에 관한 문제가 생길 수밖에 없다. 이런 이유 때문에 국내 제조 기업들은 공장 물류 로봇의 도입에서 외국산 로봇보다 국내 기업의 로봇을 선호할 수밖에 없다.

최근 국내 주요 기업들이 북미, 유럽 등 해외 거점에 신규 공장 투자를 가속화하고 있어 공장 물류 로봇 수요가 지속적으로 창출되고 있는 상황이다. 또한 해외 공장에서 스마트 팩토리에 대한 효용성이 검증되고, 국내 공장의 스마트 팩토리 전환이 이루어지면 향후 수년간 안정적인 수요가 기대된다. 이와 관련된 국내 대표 기업으로 시스콘(비상장)과 모비어스앤밸류체인(비상장), 티로보틱스, 유진로봇 등이 있다.

해외 배송 로봇의 도입 현황

로봇명	미국	중국	유럽
현황	2018년부터 상용 서비스 개시		
규모	수천 대	1만 대 이상(추정)	500대 이상
용도	음식 배달	화물 배달	식료품/일상용품/우편 등 배달
내용	- 스타십 테크놀로지가 2018년부터 서비스 개시 우버이츠와 협력하는 서브 로보틱스, 키위봇 등 다수의 로봇 제조사가 시장 진입 - 미국은 시/주 단위로 로봇 관련 법 제도를 도입해 보도 주행 허용	- 알리바바와 징둥닷컴 등 거대 EC 사업자 중심으로 자사 개발 로봇 활용 징둥닷컴은 2018년부터 서비스 개시. 코로나 시기 의료품 배송에도 활용 - 차도를 주행하는 대형 차량의 경우 규제 당국의 허가를 득할 필요가 있음	- 스타십 테크놀로지가 독일, 에스토니아, 핀란드 등에서 서비스 중 - 독일에서는 DHL이 우편 배달에도 활용

출처: 유진투자증권

최근 예능이나 유튜브를 보다 보면, 유럽이나 미국을 여행할 때 배송 로봇이 포착되는 경우가 종종 보인다. 이미 미국과 유럽 등에서는 실외 배송 로봇의 상용화가 진행되고 있다.

반면에 물류 창고 로봇의 경우 물류 창고의 내부 구조는 모두 다르지만 큰 틀로 보아 유사한 측면도 있기 때문에 커스터마이징 등의 요소보다는 가격적인 면이 더 중요하게 작용한다. 한국 물류 기업들의 평균 영업이익률은 약 4~5% 수준으로 그리 높지 않아 투자에 따른 고정비 발생에 대한 부담이 존재할 수밖에 없다. 따라서 물류 창고 로봇 분야에서는 이미 양산 체제에 돌입해 저렴한 가격으로 로봇

배송 로봇 수익성 분석

CASE 1: 로봇 가격 500만 원, 인당 10대 관제			CASE 2: 로봇 가격 500만 원, 인당 5대 관제		
조건	기체 가격	500만 원	조건	기체 가격	500만 원
	가동 대수	100대		가동 대수	100대
	조작 인력	10대당 1명		조작 인력	5대당 1명
비용	로봇 기체	10만 원/월	비용	로봇 기체	10만 원/월
	원격 조작 시스템	2만 원/월		원격 조작 시스템	2만 원/월
	유지보수 인건비	60만 원/월		통신 비용	20만 원/월
	보험료 등	10만 원/월		유지보수 인건비	60만 원/월
	소계	202만 원/월		보험료 등	10만 원/월
수익	배송 단가	2,000원/회		소계	302만 원/월
	배송 횟수	1,2000회	수익	배송 단가	2,000원/회
	소계	240만 원/월		배송 횟수	1,2000회
이익	대당 이익	38만 원/월		소계	240만 원/월
			이익	대당 이익	-62만 원/월

출처: 유진투자증권

로봇의 완전 자율주행이 가능해진다면 걱정이 없겠지만, 아직까지 로봇은 사람의 도움이 필요하다. 배송 로봇을 운영할 때 수익 발생의 가장 핵심이 되는 포인트도 사람이 몇 대의 로봇을 커버할 수 있느냐는 것이다.

을 공급하고 있는 중국 기업의 강세가 여전히 지속될 수밖에 없을 것으로 예상된다.

한국에도 기회가 있다

실외 배송 로봇 분야에서도 아직 기회는 남아 있다. 미국과 유럽, 중국에서는 2018년 전후로 실외 배송 로봇이 상용화되어 음식 배달과 우편물 배달 등에 활용되고 있다. 한국은 2025년부터 본격적으로 실외 배송이 허용될 예정이다.

약간 늦은 감은 있지만 그렇다고 글로벌 경쟁에서 완전히 뒤처졌다고 보기도 어렵다. 한국 기업들은 법적 규제가 존재하는 동안에도 규제 샌드박스 등을 활용해 실외 주행 및 배송에 대한 기술을 확보해왔다. 국내 상장기업인 로보티즈는 2019년부터 강서구 일대에서 시범 운행을 수행해왔고, 스타트업인 뉴빌리티와 모빈 등은 대학가, 테헤란로 등에서 국내 주요 기업들과 협력해 실외 배송 및 순찰에 대한 기술 검증을 거쳐왔다.

이제 본격적으로 사업화에 돌입할 수 있는 환경이 갖추어진 만큼 앞으로는 로봇 배송을 통한 수익화에 대한 고민이 더욱 필요해졌다. 배송 로봇으로 활용하기 위한 유통망(편의점, 식당 등) 확보에 더해, 기술 고도화를 통한 비용 최소화로 수익 구조를 창출하기 위한 노력이 요구될 것이다.

실외 배송 로봇의 수익화에서 가장 중요한 과제는 다음과 같다. 저렴한 카메라 센서를 활용해 원가를 절감해 로봇 본체의 가격을 낮추는 것이다. 동시에 자율주행 기술의 고도화를 통해 로봇을 원격으로 관제하는 인력을 최소화하는 것이다.

물류 로봇 기업을 볼 때 가장 중요하게 생각해야 하는 부분은, 하드웨어적인 기술력이 아니라 SW 경쟁력, 납품 레퍼런스, 그리고 가격 등이다. 특히 물류 창고나 공장 내 물류에서 활용되는 로봇의 경우 상위 시스템(WMS, ERP 등)의 하위에 있는 개념인 만큼 로봇 단품보다도 해당 로봇을 컨트롤할 수 있는 시스템의 우수성과 로봇 컨트롤 시스템과 상위 시스템의 연결성 및 시스템 통합 능력이 매우 중요하다. 물론 하드웨어적으로도 물류 로봇이 핸들링할 수 있는 무게, 이동 속도, 위치 정확도 등이 일정 수준 이상의 성능을 갖추어야 하는 것은 당연하다.

산업용 로봇도 마찬가지이지만, 물류 로봇은 한 대만 쓰는 경우보다는 수십 대에서 수백 대에 달하는 다수의 로봇을 운용하는 것이 일반적이다. 그렇기 때문에 SW 역량이 더욱 중요하다고 볼 수 있다.

SW 능력을 검증할 수 있는 척도로는 납품 레퍼런스가 활용된다. 따라서 얼마나 다양한 납품 사례를 확보하고 있는지에 주목해야 한다.

로봇 산업과 동반 성장할
로봇 부품 시장

로봇 산업이 성장한다면 필연적으로 로봇 부품 시장도 동반 성장할 수밖에 없다. 여러 가지 부품이 있지만 그중에서도 기술적 진입 장벽이 높거나 새롭게 부상하는 부품인 감속기와 센서에 관심을 가져보자.

　　　　　　　　로봇 산업의 성장은 결국 로봇을 구성하는 부품의 수요 증가로 이어지며, 로봇 밸류체인의 상류에 있는 부품 기업에 수혜로 작용할 것이다. 로봇을 구성하는 부품은 크게 모터와 감속기, 센서, 제어기기로 구분할 수 있으며, 그 밖에 배터리와 반도체 등도 포함해 볼 수 있다.

　다양한 부품 중 앞으로 가장 많은 관심을 두어야 할 부품은 무엇일까? 먼저 로봇의 핵심 부품인 모터와 제어기기를 살펴보자. 로봇에 활용되는 모터의 경우 이미 상당 부분 범용화가 이루어져 일본의 주요 기업을 비롯해 다수의 기업들이 제품화에 성공했다.

산업용 로봇 주요 기기 구성 요소

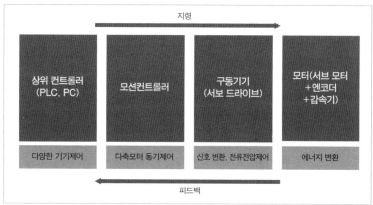

출처: 유진투자증권

사람의 뇌(컨트롤러/제어기기/서보드라이브)가 근육(모터)에 지시를 하달하고 신체적 행동을 수행하는 구조와 유사하다.

제어기기의 경우 모터를 컨트롤하는 부품인 만큼 모터를 제조하는 기업들이 세트로 공급하는 경우가 많다. 이렇듯 모터와 제어기기는 투자 매력도가 그리 크지 않은 것으로 보인다. 그렇다면 우리는 기술적으로 진입 장벽이 높고 새롭게 부상하고 있는 부품에 관심을 갖는 편이 좋을 것이다. 바로 감속기(Speed Reducer)와 센서 부품이다.

가장 중요한 부품인 감속기

감속기는 모터의 회전 속도를 낮추고 감속비(Gear Ratio)에 비례한 토크(힘)를 만들어내는 부품이다. 자전거나 자동차에 있는 기어의 역

산업용 로봇에서 각 부품의 원가 비중

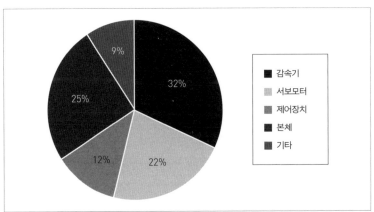

32%

9%

25%

12%

22%

- ■ 감속기
- ▦ 서보모터
- ▩ 제어장치
- ■ 본체
- ■ 기타

출처: 레인보우로보틱스, 유진투자증권

로봇 원가에서 구동부가 차지하는 비중은 무려 50%가 넘고, 감속기만 해도 30%를 차지한다. 감속기와 모터가 관절 개수만큼 들어가는 데다, 감속기의 개당 가격도 높기 때문에 가장 높은 원가 비중을 차지하는 것이다.

할과 비슷하다고 보면 된다.

로봇에는 전기와 공압, 유압 등 다양한 동력원이 활용되는데, 그 중에서 전기 동력이 가장 많은 비중을 차지한다. 전기 모터는 전기 에너지를 역학적 에너지로 변환하는 기계 장치이다. 전기 모터는 유압 및 공압과 비교해 효율성과 신뢰도, 정밀 제어의 용이성이 뛰어나다는 장점을 가지고 있다. 하지만 그 자체로 발생시킬 수 있는 토크가 낮아서 충분한 힘을 발휘하지 못한다는 치명적인 단점 또한 존재한다.

이러한 단점을 보완해주는 부품이 바로 감속기이다. 모터의 빠른 속도를 감속시키는 대신에 그만큼의 힘을 생성시키는 것으로, 전기

하모닉 드라이브 감속기(좌)와 사이클로이드 감속기(우)

출처: 하모닉 드라이브 시스템스, 나부테스코

생긴 것은 비슷하지만, 하모닉 드라이브는 소형 감속기, 사이클로이드 감속기는 중대형 감속기로 구분할 수 있다.

동력을 사용하는 한 빠질 수 없는 핵심 기계 부품이다.

산업용 로봇의 원가에서 가장 큰 부분을 차지하는 부품이 바로 감속기이다. 산업용 로봇의 전체 원가에서 30~40%가량의 비중을 차지한다. 모터 하나당 하나의 감속기가 부착되어 활용되고 있기 때문에 로봇의 구동부 혹은 관절마다 사용된다.

로봇용 감속기의 경우 50% 이상이 로봇 용도로 활용되고 있어, 다른 범용 부품 대비 로봇 산업 성장의 수혜를 가장 많이 누릴 수 있다. 기술적으로 진입 장벽이 높기 때문에 경쟁이 치열하지 않은 부품이기도 하다. 높은 수익성을 기대할 수 있는 팔색조의 매력을 갖추었다고 볼 수 있다.

감속기의 종류와 쓰임

주로 로봇에 탑재되는 감속기는 하모닉 드라이브 감속기와 사이클로이드 감속기(또는 RV 감속기)가 있다. 하모닉 드라이브 감속기는 소형 정밀 감속기로, 무게가 가볍고 부피가 작아 협동 로봇, 서비스 로봇 같은 소형 로봇에 적합하다.

사이클로이드 감속기는 중대형 감속기로, 구조상 외형이 클 수밖에 없지만 그만큼 강성과 내충격성이 뛰어나 무거운 무게를 다루는 중대형 산업용 로봇에 주로 활용된다.

산업용 로봇 기준으로 보통 3~7개의 감속기가 사용된다. 산업용 로봇 시장에서 가장 많이 활용되고 있는 수직 다관절 로봇의 경우 6개의 관절을 갖추고 있는 만큼 6개의 감속기가 필요하다. 지금까지는 하모닉 드라이브 감속기 3개와 사이클로이드 감속기 3개가 혼용되었다.

최근 로봇 시장에서 로봇의 소형화 흐름이 나타나고 있고, 대표적으로 소형 경량 산업용 로봇으로 볼 수 있는 협동 로봇 시장이 빠르게 커지고 있는 만큼, 앞으로는 소형 감속기인 하모닉 드라이브 감속기의 수요가 빠르게 증가할 것으로 예상된다.

참고로 협동 로봇에는 6개 관절에 모두 하모닉 드라이브 감속기가 활용되고 있다. 그래서 현재 3.2개인 다관절 산업용 로봇 기준 하모닉 드라이브 감속기의 평균 사용량이 2030년에는 4.2개 수준으로

감속기 사용 위치

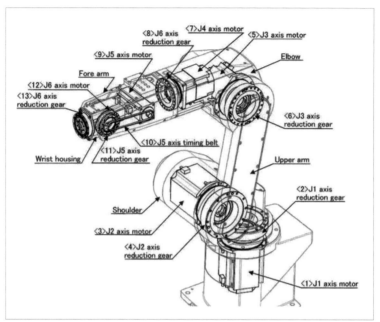

출처: Robotic Paint

이 그림에서 감속기는 'Reduction Gear'로 표현되고 있다. 로봇의 모든 관절마다 감속기가 들어가 있고, 모터와 결합되어 있는 것을 확인할 수 있다.

늘어날 것으로 추정된다.

글로벌 로봇용 감속기 시장 규모는 2022년 기준 267만 대에서 2030년 508만 대 규모로 약 2배의 성장이 예상된다. 그중에서도 하모닉 드라이브 감속기는 150만 대에서 339만 대로 늘어나며 전체 로봇용 감속기 시장의 67%의 비중을 차지할 것으로 전망된다.

이는 산업용 로봇 시장 기준으로 산출한 시장 규모로, 향후 본격적으로 서비스 로봇 시장이 개화하게 된다면 감속기 활용이 더욱

감속기 시장 규모 및 각 감속기의 비중

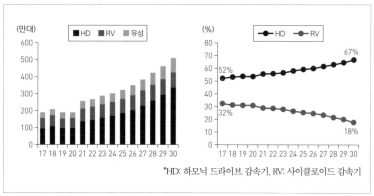

*HD: 하모닉 드라이브 감속기, RV: 사이클로이드 감속기

출처: 유진투자증권

앞으로 로봇의 소형화가 진행되면서 소형 감속기인 하모닉 드라이브의 수요 증가율이
사이클로이드 감속기 대비 클 것으로 예상된다.

크게 증가할 것을 예상할 수 있다. 특히 휴머노이드와 같이 관절 수
(40~50개)가 많은 로봇의 시장이 성장하면 감속기 시장은 폭발적인
성장기를 맞이할 것이다.

높은 기술적 진입 장벽이 있는 감속기

감속기는 외관상 간단한 기계 부품으로 보일지라도, 힘과 정밀 제
어에서 매우 중요한 역할을 하는 만큼 기술적 진입 장벽이 높다. 기
본적으로 충분한 토크를 만들어낼 수 있어야 하고, 동시에 높은 정
밀도를 갖추어야 한다. 로봇의 고강도 작업과 충격에도 파손되지 않

감속기의 백래시가 만들어내는 오차

구분	백래시	1m 거리에서의 오차	
일반 산업 기계	0.5도	8.7mm	
반송/가공 장치	0.05~0.25도	0.9~4.3mm	
로봇/반도체 제조 장치	0~0.02도	0~0.3mm	

출처: 하모닉 드라이브 시스템스, 오리엔탈 모터(Oriental Motor), 유진투자증권

감속기에서 살짝 발생하는 오차가 팔의 끝 단(로봇 손)에서는 훨씬 커진다. 감속기가 높은 정밀도를 요구하는 부품으로 받아들여지는 이유이다.

도록 내충격성과 저진동, 고강성, 작은 부피 등 다양한 특성 또한 요구된다.

이 중 가장 중요한 부분은 정밀도이다. 로봇의 정밀도는 모터를 얼마나 잘 제어하는가에 달려 있지만, 모터에 결합되어 사용되는 감속기의 성능 또한 매우 중요한 역할을 한다.

로봇용 감속기는 여러 개의 기어로 구성된 유성기어의 구조로, 기어가 맞물려 움직이면서 에너지를 변환하게 되는데, 기어가 맞물릴 때 발생하는 백래시(BackLash, 유격)의 크기가 로봇의 정밀도에 큰 영향을 미친다. 불과 0.5도의 차이가 1m 거리에서는 8.7mm의 큰 오차를 만들어내는 만큼, 감속기의 백래시를 얼마나 줄일 수 있는지가 매우 중요하다.

물론 현재의 과학 기술로 감속기 자체를 모방하는 것은 어렵지 않

다. 하지만 감속기가 섬세하고 정교한 제품인 만큼 다년간의 세월을 투자해 생산 기술의 노하우를 축적하는 것이 중요하기 때문에 신규 기업의 진입이 결코 쉽지 않다.

감속기 부품 기업에 투자하고 싶다면 일본의 하모닉 드라이브 시스템스와 나부테스코를 가장 눈여겨봐야 한다. 하모닉 드라이브 시스템스는 하모닉 드라이브 감속기 시장에서 약 70%의 점유율을 차지하고 있고, 나부테스코는 사이클로이드 감속기 시장에서 60%의 점유율을 차지하는 대표 기업이다.

감속기 시장에서 일본 기업이 압도적인 강세를 보이는 이유는 무엇일까? 이미 오래전부터 감속기 시장에 뛰어들어 시장을 개척해오면서 제품의 품질과 성능 면에서 후발주자와 상당한 격차를 벌려놓았기 때문이다.

사용하고 있는 로봇에 고장이 발생하는 원인에는 시스템적인 에러도 있지만 외부 충격에 의한 부품 파손 또는 부품 불량에 기인하는 경우도 적지 않다. 그렇기 때문에 감속기처럼 로봇 성능에 직결되는 핵심 부품의 경우에는 수많은 테스트와 수년에 걸친 검증작업이 반드시 필요하다.

예기치 못한 고장으로 다운타임이 발생하면, 로봇 수요 기업의 생산성에 지대한 영향을 미치게 된다. 따라서 로봇 기업들은 로봇 신뢰도를 위해서라도 보수적이고 까다로운 기준을 통해 부품을 선정할 수밖에 없다.

한국에도 기회가 있는 이유

감속기 분야에서 일본 기업들이 수십 년간 로봇 기업들과 협력하면서 신뢰를 견고하게 다져온 만큼, 일본 기업의 아성을 무너뜨리는 일은 결코 쉽지 않다.

감속기 시장의 후발주자로 한국과 중국이 있다. 한국의 에스피지와 에스비비테크, 중국의 리더드라이브(LeaderDrive)가 일본 감속기에 도전장을 내밀고 있다.

앞의 이유에도 불구하고 후발주자에도 충분한 기회가 주어질 수 있다고 판단하는 이유는 시장에서 공급 차질 현상이 다수 발생하고 있기 때문이다. 로봇 수요의 증가에 따라 감속기 수요 또한 늘어나는데, 일본 기업이 독과점하고 있는 시장에서 늘어난 수요를 공급이 따라가지 못하는 현상이 발생하고 있는 것이다.

일본 기업들은 늘어나는 감속기 수요에 대비해 중장기적으로 감속기 생산 능력을 키워나가고 있다. 하지만 아이러니하게도 감속기 제조량은 단순히 공작 기계 등 설비 투자보다 최종 조립을 해줄 수 있는 인력 수에 더 많은 영향을 받고 있는 상황이다.

하모닉 드라이브 시스템스의 경우 감속기 수요 증감에 따라 생산 인력을 유연하게 조절하고 있으나, 수요가 증가할 때 생산 인력은 후행해서 증가하면서 생산 차질이 발생하는 문제가 지속적으로 노출되고 있다.

공급 차질이 발생하고 납기가 지연되면서 몇몇 로봇 기업들이 불만의 목소리를 냈다. 가격적인 측면에서도 조달처를 다변화하면서 유연하게 대응하고자 하는 니즈가 나타나기도 했다. 이로써 일본 기업들에게서 흘러 나오는 수요가 발생하기 시작한 것이다.

뿐만 아니라 최근 로봇 시장에서는 전통적인 산업용 로봇 외에 협동 로봇과 서비스 로봇 시장이 태동하고 있고, 새로운 로봇 분야는 과거의 레거시 기업이 아니라 신흥 강자들이 주도하고 있는 만큼, 반드시 일본의 감속기를 고집하지 않아도 되는 점도 후발주자들에 유리한 환경이 되어주고 있다.

하모닉 드라이브 시스템스의 감속기 수주 및 생산량, 인력 변화 추이

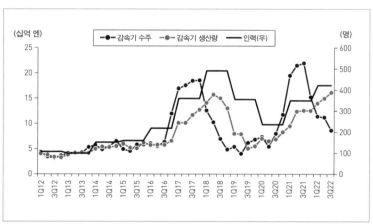

출처: 블룸버그, 하모닉 드라이브 시스템스, 유진투자증권

일본 하모닉 드라이브 시스템스의 감속기 수주(수요)와 생산량(공급)에는 약간의 시차가 발생한다. 수요가 먼저 올라가고 생산량은 후행해서 올라가는 모습인데, 이로 인한 공급 차질 문제가 수차례 제기되고 있다. 생산량은 인력 수와 연동되고 있어, 아이러니하게도 로봇의 핵심 부품에 해당하는 감속기 생산에 인력 부족 문제가 거론되기도 한다.

한국 기업 에스피지의 경우 국내 주요 로봇 기업으로의 납품 사례를 확보했다. 향후에는 다족 보행 로봇과 웨어러블 로봇 등 서비스 로봇까지도 납품 사례의 확대를 꾀하고 있어 중장기적인 성장에 기대가 모아지고 있다.

이러한 기회를 잘 살려서 다수의 납품 레코드를 쌓으며 제품에 대한 신뢰도를 높이는 것이 한국의 감속기 기업들의 최우선 과제로 떠오르고 있다. 정부 차원에서 로봇 부품의 국산화를 강력하게 지원하고 있는 점도 긍정적이다.

하지만 부품 기업들의 성장은 단순히 부품 기업에 초점을 맞추어 단편적으로 보아서는 안 되고, 로봇 생태계 전체가 함께 성장한다는 관점에서 접근하는 것이 바람직하다. 결국 전방의 국내 로봇 기업들이 커져야 부품 기업들에도 새로운 기회가 창출될 수 있는 것이다.

초입 국면에 선 센서 시장

감속기 외에 추가로 주목해야 할 부품은 바로 센서이다. 인간에게 오감을 느끼게 하는 감각 기관이 있다면, 로봇과 같은 기계에서는 센서라는 부품이 그러한 역할을 한다. 센서는 로봇이 스스로 움직임을 판단할 수 있는 내계 센서와 외부의 환경을 인식할 수 있는 외계 센서로 구분된다.

카메라 센서의 활용 현황

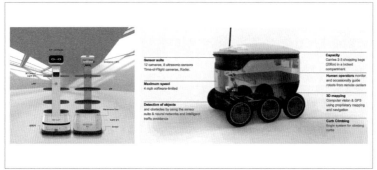

출처: LG전자, 스타십 테크놀로지

로봇이 환경을 인지하고 자율주행을 수행하기 위해서는 외부 환경을 인식할 수 있는 센서가 필요하다. 카메라 센서와 라이다 센서 등이 채택되고 있는 가운데, 최근에는 카메라 센서 적용 사례가 더욱 눈에 띈다.

앞으로는 단순히 사람이 사전에 지정한 작업을 단순 반복적으로 수행하는 로봇이 아니라 사람과 교감하고 상호작용하는 로봇으로 발전할 것이기 때문에, 특히 외계 센서 부품의 중요도가 높아질 것으로 판단된다. 다양한 외계 센서 중에서도 사람의 눈에 해당되는 카메라 센서, 그리고 사람의 촉각 기관에 해당되는 힘/토크 센서에 주목해야 한다.

카메라 센서의 경우 이미 서빙 로봇과 배송 로봇, 물류 로봇 등에 다수 채용되어 사용되고 있다. 서빙 로봇에는 통상 3개 내외, 배송 로봇에는 10개 내외의 카메라 센서가 내장되는 것으로 파악된다.

카메라 센서는 산업용 로봇이나 협동 로봇과도 결합되어 물건을 파지하는 작업 등 더욱 폭넓고 유연한 작업을 수행할 수 있게 만들

힘/토크 센서의 이미지 및 활용 개념

출처: 에이딘로보틱스

로봇도 사람처럼 촉각 기관이 필요하다. 그 역할을 대신하는 것이 힘/토크 센서로, 앞으로 가장 유망한 센서 분야로 주목받고 있다.

어준다. 향후 실내외 자율주행 로봇 시장의 성장과 산업용 로봇의 용도 다변화 흐름과 함께 로봇용 카메라 센서 시장의 확대도 기대해 볼 수 있을 것이다.

로봇이 아무리 카메라 센서를 통해서 시각을 확보하더라도, 더욱 정교하고 섬세한 작업을 수행하기 위해서는 3차원 공간의 모든 힘을 느낄 필요가 있다. 사람은 어떠한 물체를 손으로 잡았을 때 대상 물체의 경도, 모양 등을 느끼면서 상호작용을 한다. 이와 다르게 로봇은 기본적으로 기계이기 때문에 따로 감각을 느낄 수 없고, 어떠한 작업을 수행할 때 X, Y, Z축 상의 3차원 공간 내 좌표에 기반해 동작하게 된다.

예를 들어 굴곡진 표면의 샌딩, 디버링, 연마 등 섬세함을 요하는 작업의 경우 현실적으로 사람이 모든 좌표를 정확하게 지정하기가 쉽지 않기 때문에 로봇이 사람처럼 직접 표면을 느끼면서 작업하는 것이 필요하다. 이때 바로 힘/토크 센서를 부착해 로봇이 외력을 느낄 수 있게 만들어주고, 물체의 형상을 느끼면서 더욱 섬세한 작업을 수행할 수 있게 해주는 것이다. 힘/토크 센서는 협동 로봇의 충돌 안전성을 더욱 향상시켜주는 것을 비롯해, 비정형 물건의 파지, 고성능 그리퍼, 웨어러블 로봇 등 다양한 용도로 활용이 가능하다.

로봇용 센서 시장, 특히 힘/토크 센서 시장의 경우 성장 초입 국면에서 벤처 기업 또는 스타트업 중심의 사업화가 이루어지고 있는 상황이라 당장 주식 투자의 아이디어로 삼기는 어렵긴 하다. 그러나 에이딘로보틱스 등 해당 분야에서 두각을 드러내고 있는 기업들에 일찌감치 관심을 가지고 지속적으로 지켜본다면 분명히 좋은 투자의 기회를 잡을 수 있을 것이다.

남보다 한 발 먼저
앞서가기 위한 방법

시장은 더욱 먼 미래를 바라볼 것이다. 과연 어떤 로봇 분야가 새로운 기대감을 만들어낼 것인가? 농업 로봇, 군용 로봇, 웨어러블 로봇 등, 앞으로 주목받을 로봇 분야에 관심을 가져보자.

넥스트 협동 로봇, 넥스트 물류 로봇은 과연 무엇일까? 투자의 시선이 점점 더 미래를 향하면서 새로이 떠오를 로봇 분야에 관심이 높아지고 있다.

어떤 로봇 분야가 새로운 성장 분야가 될지 미래를 예측하는 일은 쉽지 않다. 그런 가운데 반드시 기억해야 할 점은, 결국 로봇이 대중화에 성공하기 위해서는 비용 대비 효과가 사람들이 요구하는 수준 이상이 되어야 한다는 것이다.

미래의 로봇 산업이 갖춰야 할 것들

어떤 관점에서 로봇의 미래를 바라보아야 할지 4가지 주요 포인트를 살펴보자. 이를 만족시키는 로봇 분야가 차기 성장 분야로 주목받게 될 것이다.

첫째, 로봇 기술이 아직 완벽하지 않은 만큼 현재의 기술 수준에서 로봇 사용에 대한 효용 가치를 충분히 느끼게 하기 위해서는 로봇에 대한 수용성이 높아야 한다. 일할 사람이 없으면 자동화 수단에 도움을 받을 수밖에 없게 되므로, 노동력 부족 문제가 심한 분야일수록 로봇의 수용성이 높을 것으로 예상된다. 특히 노동 집약도가 높은 산업에서 로봇 활용이 증가할 것을 기대할 수 있다.

둘째, 로봇의 특성상 사람과의 상호작용이 불가피하다. 그러나 단기 관점에서 로봇이 인간과 교감하기에 아직 기술적으로 부족한 부분이 있는 만큼 소셜 로봇과 같은 로봇 유형보다는 단순 반복적이며 피로도가 높은 작업 및 위험한 작업을 대신해줄 수 있는 로봇이 더 많이 활용될 수 있다.

셋째, 투자 대비 효과를 극대화하기 위해 로봇의 가격을 낮추는 것도 중요하다. 대량 생산을 통한 규모의 경제를 확보해야 한다는 뜻으로, 이를 위해서는 충분한 규모의 잠재 수요를 갖거나 규모가 큰 시장이 존재해야 한다. 아무리 좋은 로봇이라도 쓰일 곳이 없다면 무용지물이 되어버린다.

넷째, 지금까지 어떤 산업 분야에서 로봇이 활용될 가능성이 클지에 대한 관점으로 바라보았으니 이제는 로봇의 형태, 즉 폼팩터(Form Factor)를 기준으로 시장을 예상해보는 것도 유의미할 것이다.

지금은 로봇을 산업용 로봇과 서비스 로봇으로 구분해 적용하고 로봇의 형태도 특정 분야에 적합한 물리적 형태를 띠고 있다. 그러나 미래에 로봇은 하나의 범용 플랫폼으로서 모든 산업 분야에서 널리 활용될 것이다. 따라서 어떠한 플랫폼에서 가장 확장성이 좋을지 관심을 가질 필요가 있다.

농업 로봇의 기술 개발 현황

향후 주목받을 로봇 분야를 추려본다면 농업, 군용, 웨어러블 분야를 꼽을 수 있다. 먼저 농업 분야는 대표적인 노동 집약적인 산업으로 많은 인력이 필요하지만 가속화되는 도시화 흐름에 따라 농촌의 노동 인구가 줄어들고 고령화되어가는 추세이다. 이제는 노동 집약적인 산업에서 자본 집약적인 산업으로의 변화가 필요한 시점이 찾아왔고, 트랙터 등 전통적인 농기계의 무인화 흐름이 나타나기 시작했다.

사실 농업은 울퉁불퉁한 지형에서의 이동 능력과, 잡초와 작물을 구분하고 작물의 성숙도를 판정하기 위한 높은 수준의 인지 판단 능

존 디어의 무인 트랙터(위)/애그리스트의 수확 로봇(아래)

출처: 존 디어, 애그리스트

일반적으로 사용하는 농기계를 자율화시켜 농업 로봇으로 활용하는 경우도 있지만, 수확 로봇처럼 아예 새로운 유형의 기계를 개발하는 흐름도 나타나고 있다.

력을 로봇에게 요구하기 때문에 타 산업에 비해 로봇 활용이 저조한 분야였다. 하지만 최근에는 AI를 활용한 사물 인식 능력의 고도화, 자율주행 기술의 고도화 등으로 기술적 난관을 다수 극복해냈다.

대표적으로 미국의 농기계 업체인 존 디어(John Deere)가 무인 트랙터와 AI 기반 제초제 살포 기능 등을 공개했고, 일본의 애그리스트(Agrist)는 AI 기반의 작물 수확 로봇을 선보였다.

앞으로 농업 로봇이 본격적으로 보급되기 위해서는 로봇 가격의 하락과 사용자 편의성의 개선이 이루어져야 할 것이다. 특히 농업 기계는 1년 365일 가동하기보다 수확기 등 특정 시기에 가동이 집중되는 측면이 있는 만큼 투자 회수가 쉽지 않다는 한계점이 있다. 따라서 특정 시기에만 해당 농업 로봇을 렌탈해 사용하는 서비스 등 RaaS가 발전하는 시기에 본격적인 성장 국면을 맞이할 수 있을 것으로 예상된다.

군용 로봇과 웨어러블 로봇

농업 로봇과 더불어 군용 로봇 분야도 유망하다. 한국의 경우 미래 인구 감소에 따라 병역 자원이 큰 폭으로 줄어들 것이 예상되고 있고, 미국도 마찬가지로 매년 육·해·공군의 신병 모집 정원에 미달이 발생하고 있다. 이에 따라 국방 분야에서도 지속적으로 유무인 복합 체계 등 무인 시스템을 적용하기 위한 새로운 전략 개념의 연구가 진행되고 있다.

군용 로봇 분야는 사람과 협동해 작전을 수행해내기 위해 고도의 기술이 요구된다. 그러나 단기 관점에서는 병사를 추종하면서 물자

레인보우로보틱스의 군용 로봇(왼쪽)/고스트로보틱스의 군용 로봇(오른쪽)

출처: 레인보우로보틱스, 미국 공군

로봇을 전장에 투입하는 미래가 멀지 않은 것 같다. 여러 도덕적 이슈에 맞닥뜨릴 가능성이 크지만, 한국 등 주요국에서 나타내는 병력 감소 현상은 결국 자동화에 대한 수요로 이어질 수밖에 없다.

등을 수송해주는 추종 로봇[한화에어로스페이스의 아리온스멧(Arion-SMET) 등], 카메라를 부착하고 주변 환경에 대한 감시 정찰을 수행하는 감시 정찰 로봇(레인보우로보틱스의 군용 4족 보행 로봇 등)과 같이 간단한 유형의 로봇이 먼저 보급되어 활용될 것으로 보인다.

마지막으로 웨어러블 로봇은 특정 산업 분야에서 활용되는 로봇이 아닌 새로운 로봇 폼팩터로 주목받게 되리라 전망한다. 웨어러블 로봇은 외골격 로봇으로 사람 몸 외부에 부착하는 신체 보조 기구라로 볼 수 있다.

주요 기능은 인체의 신체적 능력의 증강 및 재활 치료 등인데, 이는 아직까지 주로 활용되고 있는 쓰임새이다. 향후에는 산업 현장에서의 작업 용도, 피트니스 용도, 군사 용도 등 다양한 쓰임새를 가지

웨어러블 로봇의 활용

출처: 위로보틱스

웨어러블 로봇을 착용하는 느낌은 페달을 살짝만 밟아도 쉽게 앞으로 나아갈 수 있는 전기자전거 주행 경험과 비슷하다. 현재 웨어러블 로봇의 형태가 미관상 적응하기 다소 어려운 것은 사실이지만, 웨어러블 로봇이 주는 편리함은 고령자뿐 아니라 젊은 소비자 층도 충분히 사로잡을 수 있을 것이다.

게 될 것으로 예상된다.

웨어러블 로봇은 겉보기에는 단순해 보이는 구조이지만, 사람의 움직임 의도를 파악해 사람에게 필요한 힘을 만들어주거나 반대로 부하를 키워주는, 사람과 상호작용을 하기 위한 고도의 기술이 필요하다.

아직까지는 로봇의 인지 및 판단 기능이 인간 수준에 미치지 못하고 있어, 로봇이 대체하지 못하는 작업이 너무나도 많다. 하지만 이런 상황에도 사람의 부족한 능력을 보강해주는 용도로서 웨어러블 로봇을 활용할 수 있다.

지금까지 설명해온 산업용 로봇, 물류 로봇 등은 모두 사람을 대체하는 성격의 로봇 유형이다. 하지만 앞으로 더욱 확대될 로봇 사회는 사람이 배제되는 사회가 아닌 사람과 공존하는 사회일 것이고, 그에 따라 웨어러블 로봇과 같은 인간 중심적인 로봇 유형이 널리 쓰이게 될 것으로 전망된다.

로봇의 미래는
소프트웨어와 플랫폼에 있다

시장의 관심은 과연 로봇 소프트웨어의 패권을 누가 가져가는가에 쏠리기 시작했다. 구글이 로봇 AI를 계속해서 공개하고 있기 때문이다. 아직 누가 승리할지 예측하기는 어렵지만 하드웨어 기업과 소프트웨어 기업의 경쟁은 곧 기술 발전으로 이어질 수 있다.

　　　　　　　　지금까지의 로봇 산업은 하드웨어 중심의 시장이었다. 하지만 앞으로의 핵심은 소프트웨어와 플랫폼이 될 것이다.

　그 이유는 다음과 같다. 지능을 갖춘 로봇이 되기 위해서는 로봇의 인지-판단-수행 능력 중에서 소프트웨어의 영역인 인지-판단 능력이 더욱 부각될 것이고, 로봇 산업 성장을 위한 생태계 구축에 다양한 플랫폼이 필요해질 것이기 때문이다.

　앞서 설명한 바와 같이 구글, 마이크로소프트, 그리고 한국의 네이버 등 글로벌 빅테크 기업들이 이미 로봇 AI 모델 확보를 위한 기술 개발을 추진하고 있다. 미래에는 이러한 로봇 AI를 솔루션화해서 플러그인 형태로 제공하는 소프트웨어 비즈니스의 확대가 이루어질 것이다.

로봇 소프트웨어의 개발

AI는 딥러닝 등 기계학습 방식으로 각종 데이터를 학습한다. 모든 로봇 기업들이 이러한 AI 기술을 자체적으로 획득하기는 현실적으로 쉽지 않다. 따라서 외부의 테크 기업이 제공하는 소프트웨어를 활용하는 형태로 발전할 가능성이 큰 것이다.

지금 당장 로봇 하드웨어 기업들이 로봇 소프트웨어에 대한 패권을 테크 기업들에 빼앗겼다고 보기는 이르다. 로봇은 일반적인 언어 AI 모델 등과 다르게 물리적인 존재인 만큼, 모든 로봇에 동일한 소프트웨어가 호환될 수 없는 측면이 있다. 로봇마다 각각의 물리적 특성이 다르고, 이에 대한 별도의 학습 과정이 필요하기 때문이다. 오히려 로봇 기업들이 자체 로봇 하드웨어를 활용해 데이터를 구축해 AI 모델을 개발할 가능성도 열어두어야 한다.

물론 이러한 한계를 극복하기 위해 테크 기업들은 시뮬레이션상에서의 학습 데이터 확보를 통해 학습 과정을 단축하고 범용적으로 활용 가능한 AI 모델을 개발하려고 노력하고 있다. 이처럼 로봇 하

코베리언트(Covariant)의 로봇 비전 AI 기술

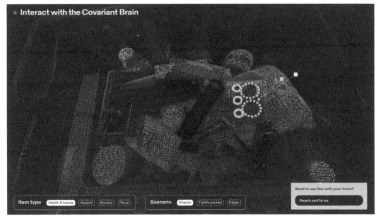

인간은 어떤 물체를 보고 잡을지 뇌가 알아서 판단해주지만, 로봇은 AI 기술의 도움이 필요하다.

드웨어 기업과 소프트웨어 기업 간 소프트웨어 패권을 둘러싼 치열한 경쟁이 예상된다. 하지만 이것은 반드시 누가 이기고 지는 문제가 아니다. 미국의 대표적인 자동차 기업이자 휴머노이드 로봇을 개발하고 있는 테슬라처럼 자체적으로 AI를 구축하거나, 자체 로봇 없이 AI 소프트웨어를 개발해 판매하는 테크 기업의 투트랙 전략으로 사업화가 진행될 가능성도 있다.

중요한 것은 점차 로봇의 소프트웨어가 중요해지면서 이에 대한 비즈니스 기회가 다수 열리게 될 것이라는 점이다. 이미 미국의 오사로(OSARO)와 인트린식(Intrinsic)은 자체 개발한 AI 소프트웨어의 판매 기회를 찾아 나서고 있다.

다른 로봇에도 호환되는 시스템

지금까지의 로봇 소프트웨어는 하드웨어에 종속되어 개발되었다. 기존의 로봇 개발 방식이 하드웨어 설계부터 소프트웨어 개발까지 독자적이고 고립되어 이루어졌기 때문이다. 이로 인해 로봇 간에 소프트웨어가 호환되지 않는다는 문제점이 있었다.

예를 들어 A 센서를 장착한 물체 인식 기능을 수행하는 로봇을 개발했다고 하자. 이후 성능이 뛰어난 B 센서가 개발되어 A 센서를 B 센서로 교체하려고 할 경우 심각한 비효율성이 나타난다. B 센서의 소프트웨어가 기존 로봇과 호환이 되지 않아 로봇을 처음부터 다시 설계하고 프로그래밍해야 하는 것이다.

이러한 문제들을 해결하기 위해 로봇에도 하드웨어에 종속되지 않고 표준화된 인터페이스를 제공하는 소프트웨어 플랫폼에 대한 필요성이 제기되고 있다. 여전히 로봇 분야에서는 스마트폰의 안드로이드 또는 IOS 같은 범용 운영체제가 부재한 상황이지만, 초기 시도로서 각기 다른 로봇 하드웨어를 통합해 컨트롤할 수 있는 이기종 통합 관제 시스템이 탄생하고 있다.

대표적으로는 한국의 클로봇이 제공하는 크롬스와 빅웨이브로보틱스의 솔링크가 있다. 하나의 컨트롤 시스템으로 제조사가 다른 로봇 하드웨어를 관제할 수 있는 시스템이다. 그동안은 로봇 제조사마다 각기 다른 로봇 컨트롤 시스템이 있었기 때문에 서로 다른 로봇

빅웨이브로보틱스의 솔링크

예전에는 로봇 제조사마다 별도의 프로그래밍 언어, 통신 코드, 제어 프로그램이 있어서 제조사가 다른 로봇을 사용하기 쉽지 않았다. 이제는 통합 제어의 시대가 다가오고 있다.

제품을 통합해 운용하기 번거로운 문제점이 있었는데, 이 문제를 해결하는 통합 시스템이 나온 것이다.

아직 로봇 소프트웨어 생태계 확립까지 많은 과제가 놓여 있지만, 이러한 문제점을 해결하기 위한 기술이 조금씩 공개되고 있고 사업화가 이루어지고 있다는 점은 매우 긍정적이다.

로봇 어플리케이션의 개발

로봇에 탑재되는 소프트웨어와 별개로, 로봇 산업이 더욱 성장하기 위해서는 로봇의 활용성을 키워야 한다. 이를 위해서는 로봇용 어플리케이션을 개발해야 하고, 어플리케이션을 다운받아 사용할

두산로보틱스의 다트 스위트

앱 스토어로 이해하면 쉽다. 스마트폰 앱처럼 앱 개발자가 앱을 개발한 뒤 업로드해놓으면 사용자가 다운받아 사용하는 식의 생태계 조성이 로봇 시장에도 나타나기 시작했다.

수 있게 하는 어플리케이션 생태계 또는 플랫폼이 조성되어야 할 것이다.

그동안 로봇 산업에서는 로봇을 어떠한 용도로 활용하고 싶다고 하는 수요가 있으면, SI 업체와 로봇 엔지니어가 직접 로봇을 프로그래밍해 어플리케이션을 구현해주는 방식을 취했다. 하지만 앞으로 로봇 시장이 더욱 커지고 로봇 활용에 대한 수요가 다변화된다면, 로봇 엔지니어가 일일이 개별 수요자의 니즈에 맞추어 직접 대응해주는 방식은 현실적으로 효용성이 떨어질 것이다.

따라서 마치 앱 스토어처럼, 앱 개발자가 사용자에게 필요한 어플리케이션을 개발해 업로드해놓으면 수요자가 다운받아 사용할 수 있는 생태계가 조성되어야 한다. 물론 아직은 로봇의 물리적 형태에 따라 소프트웨어가 호환이 되지 않는다는 난관을 먼저 극복해내야 하지만, 이러한 생태계 조성에 대한 노력이 조금씩 싹을 틔우고 있긴 하다.

대표적으로 두산로보틱스가 공개한 '다트 스위트(Dart Suite)'라는 소프트웨어 플랫폼이 있다. 자사의 협동 로봇에 활용할 수 있는 용접과 팔레타이징(Palletizing) 등 다양한 어플리케이션을 개발하고 공유할 수 있는 플랫폼으로 앱 생태계의 초기 형태로 보여진다.

로봇이 대중화되어 널리 보급되기 위해서는 특정 작업을 하기 위한 제한된 용도로만 로봇에 접근하는 것이 아니라, 로봇 그 자체를 하나의 범용 플랫폼으로서 활용하면서 여러 작업을 수행할 수 있게 하는 노력이 수반되어야 한다. 이러한 생태계를 먼저 만들어내는 기업은 제2의 애플, 제2의 아마존으로서 새로운 시장의 저변을 열어가는 리더가 될 것이며, 막대한 비즈니스의 기회를 맞이하게 될 것이다.

4장

- 로봇 산업, 도대체 어디에 투자하면 좋을까?
- 해외 기업과 ETF, 비상장 기업도 함께 보자
- 로봇 산업의 밸류체인은 생각보다 넓다
- 로봇 산업 분석을 위해 참고해보면 좋은 것들
- 로봇 산업, 테마주에서 성장주로

투자 관점에서의
로봇 산업, 이것만은
꼭 체크하자

로봇 산업은 새롭게 성장하는 산업인 만큼 투자에 대한 잣대를 세우기 어려울 수 있다. 일단 앞서 확인한 유망한 로봇 분야를 살펴본 다음, 해당 분야에서 가장 앞서가고 두각을 드러내고 있는 기업을 먼저 살펴보아야 할 것이다. 한국인 투자자라고 해서 반드시 한국 기업에만 관심을 가질 필요는 없다. 로봇 산업의 성장은 전 세계적으로 나타나고 있고, 일부 분야에서는 이미 해외 기업들이 선두를 달리고 있는 만큼, 투자의 시선 또한 글로벌 무대로 옮겨가야 한다. 아직 개별 로봇 기업에 대한 확신은 없지만 로봇 산업의 성장에 따라가고 싶은 투자자는 ETF 같은 상품에 관심을 가져보는 것도 좋을 것이다.

굳이 우선 순위를 매기자면 첫 번째가 협동 로봇 분야, 두 번째는 물류 로봇 분야, 세 번째는 로봇 부품 분야라고 할 수 있다.

로봇 산업은 해외 기업들이 경쟁 우위에 있는 경우가 많기 때문에 글로벌 기업에 대한 투자 또한 관심을 가져볼 필요가 있다.

주가 변동성이 커서 개별 기업에 대한 투자가 부담스럽다면 로봇 ETF에 투자함으로써 로봇 산업의 성장 흐름에 올라타는 방법도 있다.

로봇 산업에는 로봇 제조 기업만 있는 것이 아니며, 로봇 산업의 밸류체인은 생각보다 넓고 다양하다. 투자자라면 조금 더 시야를 넓힐 필요가 있다.

일본의 공작기계 수주 데이터를 참고하자. 이 수주 흐름이 로봇 기업의 업황과 유사한 추세를 보이고 있다는 점에 주목하자.

로봇 기업을 단지 고평가되어 있는 테마주로만 바라본다면 큰 기회를 놓칠 수도 있다. 로봇 산업은 앞으로 성장할 수밖에 없는 산업이다.

로봇 산업 투자시 탑다운 방식으로 접근하는 것이 가장 좋아 보인다. 언제 어떤 기업이 시장이 기대하는 가치를 실현할지 알기 어렵기 때문이다.

로봇 산업, 도대체 어디에 투자하면 좋을까?

불확실성이 큰 로봇 산업에 투자할 때는 유망한 로봇 분야를 먼저 확인한 다음, 해당 분야에서 경쟁력 있는 기업을 찾아보는 식의 탑다운 방식이 유효하다. 국내 상장 기업뿐만 아니라 해외 기업과 비상장 기업까지 투자의 선택지를 넓혀보는 것도 좋다.

처음 로봇 산업을 접하는 투자자들에게 가장 많이 듣는 이야기를 꼽자면, '로봇 산업이 유망한 것은 잘 알겠지만 어떤 로봇 분야와 어떤 로봇 기업에 투자해야 할지 모르겠다'는 것이다.

로봇 분야가 워낙 다양하기도 하고, 이제 막 초기 성장 단계를 지나가고 있는 만큼 정보도 제한적이기 때문에 앞으로 어떤 로봇 분야 혹은 어떤 로봇 기업이 폭발적인 성장 구간을 맞이할지 예측하기란 결코 쉽지 않은 일이긴 하다.

로봇 산업에 대한 접근법에 정답은 없지만 우선은 탑다운(Top-

Down) 관점이 중요하고 생각한다. 즉 성장이 기대되는 로봇 분야가 무엇인지를 먼저 판단하고 그다음에 해당 분야에서 두각을 나타내는 기업을 찾아보는 것이다.

산업용 로봇부터 다양한 서비스 로봇 분야까지 모든 시장이 태동하면서 로봇 산업 전체가 들썩거리고 있는 상황인 만큼, 모든 로봇 분야를 들여다보는 것도 좋다. 하지만 군이 우선 순위를 매기자면 첫 번째가 협동 로봇 분야, 두 번째는 물류 로봇 분야, 세 번째는 로봇 부품 분야라고 할 수 있다.

투자 성향에 따라 주식 투자 전략은 천차만별이겠지만, 여기서는 시장의 성장성이 명확하게 확인되고 중장기적인 성장이 기대되는 분야를 중점적으로 선정했다. 앞장에서도 다루었지만 각 분야의 주요 투자 포인트를 다시 한 번 짚어보면 다음과 같다.

협동 로봇의 투자 포인트

협동 로봇은 산업용 로봇의 일종이지만, 단순히 제조 현장에서 활용되는 로봇으로 생각해서는 안 된다. 물론 초기 성장 국면에서는 용접, 조립, 운반 등의 일반적인 산업용 로봇 용도로 활용될 것이다. 협동 로봇은 안전성과 저렴한 가격 등이 강점으로 부각되면서 연평균 20% 이상의 높은 시장 성장률을 기록할 것으로 전망된다.

주요 로봇 분야별 투자 포인트

분야	코멘트
전통 산업용 로봇	– 글로벌 산업용 로봇 수주 둔화세(로봇 수요 감소가 아닌 선행 발주에 대한 발주 조정 영향으로 추정) – EV 시장 확대에 따른 신규 설비 투자 수요 증가에 기반한 중장기적 성장 모멘텀 존재 – 장기적으로는 일부 협동 로봇에 대체될 것으로 예상(30~50kg 가반하중)
협동 로봇	– 협동 로봇 시장의 본격 개화 기대(연평균 20% 이상 성장) – 고가반하중 라인업(20~35kg) 출시로 전통 산업용 로봇 대체 가능성이 대두 – 협동 로봇 활용 어플리케이션 및 서비스 확대 중(F&B, 물류 팔레타이징, 렌탈/리스/할부 상품 등)
물류 로봇	– 높은 물류 자동화 수요에 따른 물류 로봇 보급 확대 기대 – 국내 기업들의 공장 자동화 물류 분야의 수주 기회 확대 중 – 장기적 관점에서 실외 자율주행 로봇 상용화에 따른 배송 분야로의 확대 기대
로봇 부품	– 로봇 시장 성장에 따른 부품 기업 수혜 기대 – 로봇 시장과 동반 성장 가능성이 큰 감속기 관련 기업에 관심이 유효 – 단기적으로는 전방의 산업용 로봇 수주 둔화로 저조한 감속기 수주 흐름 우려 – 협동 로봇 및 서비스 로봇 시장 확대에 따라 기대 가능한 부품으로는 카메라 센서, 힘/토크 센서 선정. SW 기술에 대한 관심도 확대 중

출처: 유진투자증권

앞으로 더 다양한 로봇 분야가 유망하게 떠오를 수 있겠지만 지금으로서는 협동 로봇, 물류 로봇, 로봇 부품 분야에 대한 관심이 유효한 시기라고 판단된다.

향후에 협동 로봇은 AI 기술의 발전과 로봇 컨트롤 시스템의 진화 여하에 따라 하나의 로봇 팔 플랫폼으로서 산업 현장과 서비스 현장을 모두 아우르는 높은 보급성을 지닌 범용 로봇 플랫폼으로 진화할 것이다.

국내 주요 상장 기업으로는 두산로보틱스(454910.KS), 레인보우로보틱스(277810.KQ), 뉴로메카(348340.KQ) 등이 있다.

두산로보틱스는 세계 시장에서 4~6%의 점유율을 확보한 글로벌 협동 로봇 기업으로 발돋움하고 있으며, 경쟁사 대비 풍부한 제품 라인업, 로봇 앱 생태계 구축(다트 스위트) 등을 강점으로 두고 있다. 레인보우로보틱스는 로봇 핵심 부품 내재화를 통한 원가 절감으로 높은 가격 경쟁력을 보유하고 있으며, 뉴로메카는 기술 교시와 음성 교시 등 로봇 컨트롤 시스템에 대한 선제적인 기술의 확보 노력을 강점으로 꼽을 수 있다.

물류 로봇의 투자 포인트

물류 로봇은 이미 명확한 수요와 효용 가치를 확인하고 있는 로봇 분야이다. 이에 따라 양산 단계에 접어들어 로봇 가격이 하락하고 수요자들의 투자 회수 기간이 짧아지면서 폭발적인 시장 성장을 앞두고 있는 것으로 판단된다.

향후 물류 창고와 공장 물류에서 활용되는 실내 자율주행 로봇부터 라스트 마일 딜리버리 등 실외 배송 분야에서 실외 자율주행 로봇에 이르기까지 다방면으로 시장 확대가 이루어질 것으로 기대해볼 수 있다.

국내 주요 상장 기업으로는 티로보틱스(117730.KQ)와 유진로봇(056080.KQ), 로보티즈(108490.KQ) 등이 있으며, 브이원텍(251630.KQ)처럼 비상장 물류 로봇 기업(시스콘)을 자회사로 두고 있는 기업도 있다.

국내 물류 로봇 기업들은 유럽과 중국 등 해외 경쟁사과 비교했을 때 후발주자로 여겨지고 있다. 하지만 향후 국내 주요 물류 또는 제조 기업의 내수 수요 확대가 이루어지면 빠른 속도로 해외 경쟁사를 추격할 것으로 예상된다.

로봇 부품 분야의 투자 포인트

로봇 부품 분야에서는 감속기 분야에 주목해야 한다. 향후 협동로봇 등 다양한 로봇 분야의 수요 확대와 동반해 성장할 수 있는 기회가 있을 뿐만 아니라, 기술적으로 진입 장벽이 높아 시장 경쟁 강도가 상대적으로 낮고 수익성이 높은 부품이기 때문이다.

앞으로 휴머노이드 등 로봇들의 고도화에 따라 로봇 관절 수가 늘어날 텐데 이는 곧 감속기 수요의 증가를 뜻한다. 감속기는 무궁무진한 성장 잠재력을 지닌 분야이다.

국내 주요 상장 기업으로는 에스피지(058610.KQ)와 에스비비테크(389500.KQ)가 있다. 전방에 있는 국내 로봇 기업들의 성장과 함께 국내 기업 대상 납품 레퍼런스의 확보가 기대된다.

해외 기업과 ETF,
비상장 기업도 함께 보자

아직까지 로봇 시장은 해외 주요 기업들이 주도하고 있는 만큼 투자자라면 국내를 넘어 해외로도 투자의 시야를 넓힐 필요가 있다. 개별 종목 투자가 부담스럽다면 ETF로 투자하는 것도 좋은 방법이다.

한국 투자자들의 경우에 투자의 접근성으로 따지면 아무래도 해외 로봇 기업보다는 국내 로봇 기업에 대한 투자가 용이할 수밖에 없다. 그러나 로봇 산업은 해외 기업들이 경쟁 우위에 있는 경우가 많기 때문에 글로벌 기업에 대한 투자 또한 관심을 가져볼 필요가 있다.

물론 아직은 상장된 해외 로봇 기업의 수가 많은 편은 아니기 때문에 투자 선택의 폭이 아주 넓지는 않다. 그래도 각 로봇 분야별로 투자가 가능하기에 세심하게 해외 로봇 기업들에 대해 살펴보는 것이 좋을 것이다.

예를 들어 산업용 로봇과 로봇 부품에 투자하고 싶다면 해당 분야의 강국인 일본의 화낙(6954.JP)과 하모닉 드라이브 시스템스(6324.JP)에 직접 투자하는 것을 고려해볼 수 있다. 물류 로봇 분야에 투자하고 싶다면 미국의 심보틱(SYM.US) 같은 종목에 직접 투자하는 것을 고려해볼 만하다.

다양한 해외 로봇 기업들

분류	기업명	개요
산업용 로봇	화낙 (6954.JP)	- 산업용 로봇 글로벌 M/S 1~2위 기업 - 산업용 로봇과 협동 로봇, 공작 기계, CNC 장치에 강점 보유
	야스카와 (6506.JP)	- 서보모터 글로벌 M/S 1위, 산업용 글로벌 M/S 3위 기업 - 로봇 단품 판매에서 스마트 팩토리 솔루션 제공으로 사업 역량 강화 중
	테라다인 (TER.US)	- 반도체 등 테스트 장비와 로봇 사업(협동 로봇, AMR)을 영위 - 대표적인 협동 로봇 기업 유니버설 로봇을 보유하고 있어 협동 로봇 시장 성장의 최대 수혜 기업
서비스 로봇	오토스토어 (AUTO.NO)	- 큐브형 자동 창고화 시스템의 선구자 - 물류 자동화 수요 증가에 따라 높은 실적 성장률을 기록 중
	오카도 (OCDO.LN)	- 영국의 대표적인 온라인 식료품 유통 업체로, 로봇을 활용한 창고 자동화 분야로 사업 확장 - 미국 Kroger, 일본 Aeon 등 유수 기업과의 파트너십을 통해 사업 확대 중
	나이트스코프 (KSCP.US)	- 자율 보안 로봇 기업으로, 2022년 1월 미국 나스닥 시장에 상장 - 동사 로봇은 호텔 등에서 보안 업무를 수행하는 로봇으로, 시간당 비용은 7달러 수준으로 저렴

서비스 로봇	인튜이티브 서지컬 (ISRG.US)	- 대표적인 의료 로봇 기업으로, 최소 침습 복강경 수술 로봇(다빈치 로봇)에 강점 - 누적 수술 횟수는 1,000만 건을 돌파 - 소모품 판매 비중이 전체 매출액의 50%를 넘어서며 사업이 안정 궤도에 올라섰음
	아이로봇 (IRBT.US)	- 청소 로봇 글로벌 M/S 1위 기업 - 세계 53%의 점유율을 차지하며 누적 판매 수는 4,000만 대 이상
	심보틱 (SYM.US)	- 미국 대표 물류 로봇 기업 - 월마트 물류 센터 42개에 물류 자동화 시스템 수주 - 이외에 타겟 등 주요 고객사의 확보가 지속되며 명확한 미래 실적 성장 매력 보유
로봇 부품	나부테스코 (6268.JP)	- 로봇, 유압 기기, 철도 차량, 항공 기기 등에 활용되는 각종 모션 컨트롤 제품을 제조 및 판매 - 산업용 로봇에 활용되는 중대형 감속기는 글로벌 M/S 1위로 약 60%의 점유율 차지
	하모닉 드라이브 시스템스 (6324.JP)	- 소형 정밀 감속기 대표 기업으로 글로벌 M/S 1위 - 협동 로봇 시장 부상에 따라 소형 정밀 감속기 수요 증가 기대
	키엔스 (6861.JP)	- 자동화 기기 시장의 대표 기업으로 각종 센서와 측정기 제품에 강점 - 로봇에 활용되는 각종 센서와 머신 비전 라인업을 보유
	오므론 (6645.JP)	- 각종 센싱 및 제어기기에 강점을 둔 기업으로 취급 제품 수가 20만 개 이상 - 제어기기 일본 시장 점유율이 40% - 협동 로봇과 AMR 사업에도 진출
	코그넥스 (CGNX.US)	- 모든 기계의 눈 역할을 수행하는 머신 비전의 대표 제조 기업 - 인공지능 기술을 활용한 머신 비전 기술로 사업 경쟁력 강화

출처: 유진투자증권

한국 기업에 투자하는 것이 여러모로 편리하지만, 아직 한국에는 세계 시장에서 1위를 차지하고 있는 기업이 없다. 글로벌 1위 기업은 해외 기업들이 대다수인 관계로, 로봇 산업 투자를 고민한다면 해외 기업도 함께 공부해볼 것을 추천한다.

로봇 ETF 투자

로봇 산업은 성장 산업인 만큼 개별 기업의 주가 변동성이 크다. 개별 기업에 대한 투자가 부담스럽다면 로봇 ETF에 투자함으로써 로봇 산업의 성장 흐름에 올라타는 방법도 있다. 현재 국내 주식 시장에는 삼성자산운용의 KODEX K-로봇액티브(2023년 연간 수익률 +68%)와 KB자산운용의 KBSTAR AI & 로봇이 상장되어 거래되고 있다.

해외에도 Global X Robo Global Robotics & Automation ETF(ROBO)와 Global X Robotics and Artificial Intelligence ETF(BOTZ) 등 다수의 로봇 관련 ETF가 있다. 글로벌 로봇 산업에 관

주요 로봇 ETF 정리

ETF명	비중 상위 5개 종목
KODEX K-로봇액티브(445290.KS)	삼성전자, 두산로보틱스, 네이버, 레인보우로보틱스, 삼성SDS
KBSTAR AI & 로봇 (469070.KS)	두산로보틱스, 네이버, 레인보우로보틱스, 현대오토에버, 셀바스AI
ROBO	아젠타, 일루미나, 지브라, 인튜이티브 서지컬, 테라다인
BOTZ	엔비디아, 인튜이티브 서지컬, ABB, 키엔스, 화낙

출처: 유진투자증권

ETF 구성 종목들을 보면, 순수하게 로봇 사업만을 영위하는 기업으로만 구성되어 있지 않다는 것을 눈치 챌 수 있을 것이다. 아직 상장된 로봇 기업이 많지 않기 때문이다. 그러나 구성 종목에 포함된 기업들이 로봇과 아예 관련이 없는 것은 아니기에 큰 흐름을 따라가는 데는 무리가 없어 보인다.

심이 있다면 해외 ETF에 투자하는 것도 좋겠다.

ETF에 투자할 때에는 해당 ETF가 어떠한 종목들로 포트폴리오를 구성했는지를 반드시 확인해야 한다. ETF마다 소형주, 대형주, 포트폴리오 구성 방식에 차이가 있는 만큼 자신의 투자 성향에 맞는 기업들로 구성되어 있는지 반드시 확인한 다음에 투자 여부를 결정해야 한다.

비상장 기업 투자

마지막으로, 로봇 산업에 투자할 때는 비상장 기업에도 관심을 가져보는 것이 좋다. 로봇 산업은 그 특성상 스타트업 같은 벤처 기업이 주를 이루고 있기 때문이다.

비상장 기업에 투자하려면 K-OTC(한국금융투자협회가 개설·운영하는 제도화되고 조직화된 비상장 주식 장외 시장), 서울거래소(금융위원회가 인가한 비상장 증권 거래 플랫폼) 등 비상장 기업 거래 플랫폼을 활용하면 된다. 단, 비상장 기업에 대한 투자는 높은 리스크가 따를 수 있으니 반드시 유의해야 한다.

직접 투자하지 않더라도 유망한 기업들을 미리미리 스터디하는 차원에서 비상장 기업에 관심을 가져보는 것도 좋다. 향후 상장할 것을 염두에 두고 지속적으로 관심을 갖고 스터디를 해둔다면 로봇 산업의 변화 흐름을 빠르게 알아채고 적절히 대응하는 일이 가능할 것이다.

많은 벤처 기업들이 로봇 산업에 대한 투자 확대의 흐름을 타기

주요 로봇 관련 비상장 기업

기업명	시리즈 단계	사업 내용
빅웨이브로보틱스	Series A	로봇 수요 공급 매칭 플랫폼(마이로봇솔루션) 운영
뉴빌리티	Series A	실외 자율주행 로봇 HW, SW 개발 및 제조
에이딘로보틱스	Series A	토크 센서 및 힘/토크 센서, 다족 보행 로봇 개발 및 제조
세이프틱스	Pre-A Series	협동 로봇 안전성 검증 솔루션 SW
브이디컴퍼니	Series A	서빙 로봇 등 외식 자동화 솔루션
로보아르테	Series A	치킨 로봇 등 조리 로봇 솔루션
엔젤로보틱스	(상장 예정)	웨어러블 로봇 개발 및 제조
클로봇	Pre-IPO	로봇 SW, 로봇 SI 기업
시스콘	Series A	종합 물류 로봇 기업
플로틱	Pre-A Series	로봇 AI 솔루션 기업
테파로보틱스	Seed	산업용 로봇 로우코드 솔루션 기업
위로보틱스	Pre-A Series	웨어러블 로봇 개발 및 제조
와트	Pre-A Series	오피스/아파트 단지 내 배송용 로봇 개발 및 제조

출처: 유진투자증권

아직 시리즈 A 단계의 초창기 기업들이 많지만, 벤처 투자 시장에서도 로봇 기업에 대한 관심도가 나날이 커지고 있어, 투자 유치 자체는 큰 어려움 없이 잘 진행되고 있는 모습이다. 시리즈 B와 C 단계까지 오게 되면 상장도 고려해볼 수 있다.

위해 상장을 검토하고 있다. 2022년의 에스비비테크와 뉴로메카, 2023년의 두산로보틱스처럼 2024년 이후에도 로봇 기업들의 상장 랠리가 계속될 가능성이 높기 때문이다.

어떤 로봇 기업이 상장 주관사를 선정하고, 기술성 평가를 받아 기술 특례 상장을 준비한다는 소식이 들려오면 한 번쯤 미리 공부해 두면 좋을 것이다.

로봇 산업의 밸류체인은
생각보다 넓다

시장의 관심은 현재 오로지 로봇 제조 기업에 쏠려 있지만, 앞으로 투자의 시선은 점차 로봇 밸류체인의 구석구석까지 도달할 것이다. 로봇 밸류체인을 미리 살펴봄으로써 투자 아이디어를 찾아보자.

　　　　　　　　　　　로봇 산업에 투자한다고 했을 때 가장 먼저 떠오르는 것은 아마 로봇 제조 기업일 것이다. 하지만 로봇 산업에는 로봇 제조 기업만 있는 것이 아니며, 로봇 산업의 밸류체인은 생각보다 넓고 다양하다. 조금 더 시야를 넓히면 새롭고 기발한 투자의 아이디어가 번뜩일 것이다.

　먼저 간단하게 로봇 산업의 밸류체인을 정리해보자. 로봇 산업은 다른 산업과 마찬가지로 부품을 조달한 뒤 완성품으로 제조해 수요자에게 판매하는 형태이지만, 조금 더 세부적으로 들여다보면 로봇 산업만이 갖고 있는 특징이 존재한다.

SI 플랫폼 서비스

먼저 로봇 제조 기업과 수요자 사이에 SI(System Integrator)라는 플레이어가 눈에 띌 것이다. 로봇은 일반 가전제품과는 다르게 수요자가 제품을 곧바로 사용하기에는 아직 어려움이 많다. 산업용 로봇이든 서비스 로봇이든, 전문가가 수요자의 환경에 맞추어 사전에 세팅을 해주는 작업이 필요하다. 이러한 작업을 수행해주는 것이 바로 SI 업체이다.

SI 업체는 로봇 도입 전후 과정에서 발생하는 로봇 도입 설계, 도입 후 설치, 유지·보수 등 다양한 서비스를 제공한다. 일반 가정용 청소기 로봇을 제외하고는, 현재 대부분의 로봇 유형을 도입할 때 반드시 필요한 존재가 SI 업체이다.

현재 로봇 SI 기업의 수는 국내에만 수천 개에 달한다. SI 기업은 규모가 매우 영세하고 일부 로봇 유형 또는 공정에 특화되어 있는 경우가 많아 투자의 기회가 많지 않을 수 있다. 그러나 이러한 SI 기업들을 아우르며 하나의 SI 플랫폼 비즈니스를 만들어나가는 기업들도 탄생하고 있어, 충분히 관심을 가져볼 만한 가치가 있는 분야라고 생각된다.

대표 기업은 비상장 기업으로 한국의 빅웨이브로보틱스가 있다. 빅웨이브로보틱스는 현재 마로솔(마이로봇솔루션)이라고 하는 로봇 이커머스 플랫폼을 운영하고 있는데, 여기서 로봇 수요자와 로봇 SI 기업을 매칭시켜주는 비즈니스를 포함해 로봇 구매에 특화된 서비스를 제공하고 있다.

로봇 OEM과 ODM

다음은 로봇 OEM이다. OEM(Original Equipment Manufacturer)이란 주문자의 의뢰에 따라 주문자의 상표를 부착해 판매할 상품을 제작해주는 것으로, 의류 산업 등에서 이미 널리 적용되고 있는 비즈니스 모델이다.

앞으로 로봇 산업에서도 OEM 비즈니스는 점차 커질 것으로 예상된다. 그 이유는 로봇 산업에 속한 기업들은 규모가 작고 영세한 기술 기반의 기업들이 많아 로봇을 제작하고 양산할 능력이 부족한 경우가 많기 때문이다.

아직은 로봇 산업이 대량 생산을 통한 대규모 공급이 이루어지는 산업은 아니다. 하지만 점차 로봇에 대한 수요가 늘어나고 대량 생산 체제에 대한 필요성이 커지면 로봇을 위탁해 생산해줄 수 있는 OEM 업체로의 낙수 효과가 나타날 수 있을 것이다.

물론 OEM 기업에 로봇 기업이라는 라벨을 붙여줄 수 있을지 의문인 점도 있다. 하지만 단순 OEM이 아닌 ODM(Original Design Manufacturer, 주문자의 설계도에 따라 생산만 하는 소극적인 방식이 아닌, 제품의 디자인과 설계부터 완성까지 제조자가 모두 처리하는 방식)으로 영역을 확장할 수 있는 기업이 있다면 충분히 로봇 기업으로 볼 수 있을 것이다.

관련 기업으로는 국내 상장 기업인 인탑스(049070.KQ)와 드림텍 (192650.KS), 모델솔루션(417970.KQ) 등이 있다. 인탑스는 미국 베어 로보틱스(Bear Robotics)의 서빙 로봇을 OEM 생산하고 있는 레퍼런스를 보유하고 있다. 드림텍은 미국 비욘드 이매지네이션(Beyond Imagination)의 AI 기반 의료용 휴머노이드 로봇의 개발 및 생산을 위한 전략적 제휴 관계를 체결하며 로봇 위탁 생산 분야로의 참여를 추진하고 있다. 모델솔루션은 완성품 출시 이전의 단계에 해당되는 시제품 제작에 특화된 기업이나, 현재 국내 주요 기업들과 서빙 로봇과 방역 로봇 등의 OEM/ODM 생산을 추진하고 있다.

그 밖에도 로봇 관련 보험, 로봇 렌탈 및 리스 등 로봇 산업을 둘러싼 다양하고 새로운 비즈니스가 만들어질 것이다.

아직 로봇 제조 기업들의 규모가 작고, 로봇 산업 밸류체인도 이제 막 형성되기 시작한 상황에서 로봇 제조 기업 외 플레이어들에 주목하는 것이 시기상조로 생각되기도 한다. 하지만 언제 어떻게 로봇 산업의 밸류체인에 속한 다양한 분야 또는 로봇 관련 사업이 부각될지는 아무도 모르는 일이다. 따라서 한 번쯤 로봇 산업의 밸류체인에 알아두고 나면 도움이 될 기회가 분명 찾아올 것이다.

로봇 산업 분석을 위해
참고해보면 좋은 것들

초기 성장 국면을 맞이한 로봇 산업을 분석하기에는 시장에 공개된 데이터가 너무나 부족하다. 그럼에도 우리가 참고해볼 수 있는 것들은 무엇이 있을까? 뉴스, 오프라인 전시회 등 다양한 정보를 찾아 분석하고 이해하기 위한 노력이 필요하다.

개별 기업을 분석하고 투자 판단을 내리기 위해서는 수주 현황, 업황(제품 가격 동향, 판매 동향 등), 기술 경쟁력 등 수많은 정보들을 참고해 기업의 실적과 경쟁력 등을 살펴보아야 한다. 그런데 아직 로봇 산업은 개별 기업 단위로 참고할 만한 데이터가 많이 없는 상황이다. 그렇다면 로봇 산업을 투자할 때 투자 판단에 도움이 될 만한 것들에는 무엇이 있을까?

로봇 산업은 큰 흐름에서의 접근이 필요하다. 먼저 기업들의 실적 흐름, 즉 로봇 산업의 업황을 판단해야 한다. 로봇에 대한 수요는 앞으로도 인력 부족과 인건비 상승 등 다양한 요인에 의해 꾸준히 증가할 것이다. 하지만 중장기적인 추세로서 수요 증가 흐름과 단기 관점에서 실제 업황 사이에는 항상 괴리가 발생할 수 있다는 점을 꼭 염두에 두자.

공작기계 데이터를 참고하자

아무리 로봇이 필요한 상황에 처했더라도, 결국 로봇을 사용하는 주체인 개인 또는 기업에 여력이 없으면 로봇을 도입할 수 없다. 로봇 가격이 저렴해진다면 이야기가 달라지겠지만, 현재 로봇의 가격은 최소 수천만 원으로 굉장히 비싸다. 따라서 고금리와 인플레이션, 경기 침체와 같은 부정적인 매크로 환경에서 수요자의 투자가 위축될 수밖에 없어 로봇 기업의 실적에 부정적인 영향을 미치게 된다.

이와 관련해 참고 지표로서 일본의 공작기계 수주 데이터를 참고해볼 수 있다. 일본 공작기계공업회(JMTBA)에서는 매월 신규 수주 통계를 공개하고 있는데, 이 수주 흐름이 로봇 기업의 업황과 유사한 추세를 보이고 있다는 점에 주목하자.

공작기계란 자동차와 가전제품, 의류, 식품 등 다양한 산업에서 활용되는 장비에 필요한 정밀 부품을 제조하는 것으로, '기계를 만드는 기계(Mother Machine)'로도 불리는 대표적인 자동화 설비이다. 공작기계 수주 흐름은 민간 설비 투자 동향과 매우 밀접하게 연동되어 있다. 기업의 설비 투자에 앞서 장비를 만드는 데 필요한 공작기계의 수주가 먼저 반응하기 때문이다. 따라서 경기 동향을 점쳐볼 수 있는 경기 선행 지표로 활용이 가능한 것으로 널리 알려져 있다.

뿐만 아니라 공작기계는 로봇, 특히 산업용 로봇과 유사성이 높다. 공작기계와 산업용 로봇은 제조에 핵심이 되는 기계 설비라는 공통점을 지니며, 수출 비중과 수출 국가 비중, 전방 산업 등이 비슷하다.

역사적으로도 공작기계와 산업용 로봇의 수주 흐름은 동행하는 모습을 보이고 있다. 그러하기에 공작기계의 업황을 통해 산업용 로봇 시장에 대한 힌트를 얻을 수 있다.

공작기계 수주는 산업용 로봇 외에도 여타 협동 로봇과 서비스 로봇, 로봇 부품의 업황과 연결지어서 볼 수 있다. 매크로 환경은 어떤 특정 로봇 유형에만 영향을 미치는 것이 아니기 때문에 로봇 유형이 다르다고 해서 업황이 다르게 전개되지는 않는다.

실제로 공작기계 수주 동향과 미국의 반도체 검사 장비 업체인 테라다인의 로봇 사업 부문의 매출 흐름을 비교해보면 매우 유사한 추세를 보이는 것을 확인할 수 있다. 테라다인은 협동 로봇 대표 기업인 유니버설 로봇과 물류 로봇 대표 기업인 MiR를 보유하고 있는 기업이다.

참고로 2023년에는 공작기계 수주 흐름이 전년 대비 매우 부진했다. 경기에 사이클이 있듯이 공작기계 수주 또한 어느 정도 오르고 내리는 사이클이 있는데, 2021년 중반부터 하락 사이클에 진입했다. 통상 하락 사이클이 2~3년 정도인 점을 고려하면, 2024년에는 전체적인 산업 업황이 개선되리라는 기대를 해볼 수 있다.

뉴스플로를 확인하자

그 밖에 참고할 만한 것으로는 또 무엇이 있을까? 로봇 산업의 변화가 매우 빠르게 진행되고 있는 만큼, 주기적으로 뉴스플로를 체크하는 것이 좋다.

국내외 언론 매체, 또는 검색 포탈에서 직접 '로봇' 키워드를 검색해 찾아보는 방법도 있지만, 증권사에서 로봇 산업에 대한 뉴스를 1주일 단위로 정리해주는 리포트(유진투자증권의 〈안녕하세요 로봇 위클리에요〉 등)도 발행하고 있으니 이것을 참고하는 것도 좋겠다.

뉴스플로를 이해하는 것은 단기적으로 모멘텀으로 작용할 수 있는 이슈를 확인하는 데 도움이 된다. 뿐만 아니라 3개월 이상의 긴 호흡을 가지고 지켜보다 보면 산업의 흐름을 파악하는 데도 큰 도움을 얻을 수 있다.

지난 2023년 한해 동안 꾸준히 나왔던 뉴스를 토대로 현재 로봇 산업의 주요 흐름을 정리해보면 다음과 같다. 첫째, 시장에서 본격적으로 로봇에 AI를 적용하기 시작했다. 둘째, 미국과 중국을 중심으로 첨단 로봇인 휴머노이드의 상용화가 강력하게 추진되고 있다. 셋째, 한국에서는 로봇 산업에 대한 관심이 높아진 만큼 기업 간의 로봇 사업 협력이 강화되고 실제 로봇을 활용해 사업화에 나서는 모습이 관찰된다.

이러한 흐름은 단기적인 것이 아니기 때문에 미래의 흐름을 예측해볼 수 있는 재료로 활용할 수 있다. 2024년에는 본격적으로 로봇에 AI를 적용한 상품이 나올 것으로 기대되고, 이미 실증 테스트에 들어간 휴머노이드의 산업 현장 활용이 더욱 확대될 수 있으며, 국내 기업들의 로봇을 활용한 새로운 사업 아이템이 본격적으로 시장에 공개되는 모습을 예상해볼 수 있다.

로봇 전시회에 참여하자

마지막으로, 무엇보다도 로봇을 직접 눈으로 보고 확인하는 것을 추천한다. 로봇 기업을 볼 때 가장 중요한 것은 결국은 기술력이다. 기술력은 아무리 글로 보고 말로 접해도 그 수준을 판단하기가 쉽지 않다. 따라서 실제로 로봇 전시회 또는 자동화 설비 전시회 등에 참석해 관심있는 기업들의 로봇을 직접 확인해보고 판단해보기 바란다.

대표적인 국내 로봇 전시회는 매년 가을에 개최되는 로보월드와

증권사 보고서 예시

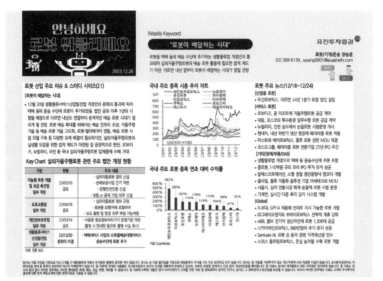

출처: 유진투자증권

로봇 시장은 매우 빠르게 변화하고 있다. 그만큼 주기적으로 뉴스 체크를 한다면 투자 판단에 큰 도움을 얻을 수 있을 것이다. 해당 보고서는 필자가 매주 발간하고 있는 로봇 위클리 자료로 주요 뉴스와 핵심 이슈를 한 장으로 파악할 수 있다.

매년 상반기에 열리는 스마트 공장/자동화 산업전이 있다. 매년 다양한 로봇 기업들이 참여해 새로운 기술과 로봇 활용 예시 등을 공개하고 있어, 로봇 산업의 기술 동향과 개별 로봇 기업에 대한 이해를 높이는 데 최적의 기회를 제공한다.

조금 더 시간과 여유가 허락한다면 해외 로봇 전시회에도 관심을 가져보자. 일본에서 개최되는 일본국제로봇전(iREX)과 독일의 오토메티카(Automatica) 등 해외 전시에 참여해보는 것도 좋겠다.

로봇 산업,
테마주에서 성장주로

흔히 시장에서 로봇 주식을 '테마주'라고 표현하는 이유는 아직 기업의 펀더멘털 관점보다 기대감 중심의 접근이 이루어지고 있기 때문이다. 하지만 로봇 산업은 성장할 수밖에 없다. 그렇기에 로봇 기업의 주식 또한 점차 '성장주'의 영역으로 나아가게 될 것이다.

기업은 이익을 창출하기 위한 집단이다. 따라서 투자의 관점으로 기업을 바라볼 때는 어떤 기업이 우수하고 높은 가치를 받아야 하는지 판단해야 한다. 이것은 기업이 거두어들일 수 있는 이익이 얼마나 되는가를 바탕으로 평가한다. 흔히 주식 투자의 판단 지표로 사용되는 PSR(Price Sales Ratio, 주가매출비율), PER(Price Earnings Ratio, 주가수익비율)과 같은 시장가치비교법을 통해 기업의 실적 대비 가치가 어느 정도인지를 판단해볼 수 있다.

이러한 관점에서 로봇 산업을 바라본다면, 로봇 산업은 분명 다른 산업 대비 높은 평가를 받고 있는 것처럼 보인다. 투자의 관점으로 볼 때, 로봇 산업에 투자하는 일은 아직 부담이 크다. 로봇 산업에 대한 투자를 두고 '테마 투자' 혹은 '버블'이라는 경계의 목소리가 나오는 이유이자, 보수적인 투자를 권고하는 이유이기도 하다.

한편으로는 앞으로 새롭게 나타날 성장성 있는 산업에도 똑같은 잣대를 적용할 수 있을지에 대한 의문도 동시에 존재한다.

본격적으로 움직이는 시장

투자 시장에서 각 기업의 주식을 두고 가치주, 성장주, 테마주 등으로 분류해 지칭하는 것을 본 적이 있을 것이다. 이렇게 분류하는 이유는 투자자들의 투자 성향에 따라 투자 판단을 용이하게 하기 위함이다.

아직까지 로봇 산업에 속한 기업들은 테마주, 즉 특정 분야에 어떠한 이슈가 발생했을 때 급등락이 예상되는 주식으로 라벨링되어 있다. 하지만 로봇 기업을 단지 고평가되어 있는 테마주로만 바라본다면 큰 기회를 놓칠 수도 있다.

로봇 산업은 앞으로 성장할 수밖에 없는 산업이다. 아니, 반드시 성장해야 하는 산업이다. 실제로 글로벌 로봇 설치 대수는 최근 수년간 매해 최고치를 갱신하고 있고, 한국에서는 2023년 수많은 기업들이 로봇 사업화 추진을 위해 업무 협약(MOU) 등을 체결하며 사업 협력을 꾀하는 모습이 관측되고 있다. '로봇 산업의 성장'이라는 큰 흐름(Big Wave)이 만들어지기 시작한 것이다.

한국의 로봇 기업들이 연구 개발 중심의 구조에서 벗어나 본격적인 사업 성장을 위해 움직이고 있다. 그런 만큼 머지않아 로봇 주식들은 단순한 테마주가 아닌 높은 실적 성장을 기대하는 성장주로서 평가될 것이다.

| 탑다운 방식의 분석

앞에서 설명했듯, 로봇 산업에 투자를 시작할 때는 탑다운 방식으로 접근하는 것이 가장 좋아 보인다. 언제 어떤 기업이 시장이 기대하는 가치를 실현할지 알기 어렵고, 이제 막 성장하기 시작한 산업이기에 정보도 제한되어 있기 때문이다.

각 로봇 분야의 흐름을 살펴보면서 그중에서 어느 분야가 유망할지 파악해내고, 분야별 대표 기업을 중심으로 현재와 미래의 사업 흐름을 면밀하게 분석보자. 또한 국내뿐 아니라 해외로도 시야를 넓혀서 더욱 새롭고 폭넓은 투자의 기회를 잡아보자.

5장

- 레인보우로보틱스
- 두산로보틱스
- 에스피지
- 화낙(일본)
- 하모닉 드라이브 시스템스(일본)
- 테라다인(미국)
- KODEX K-로봇액티브 ETF
- 해외 로봇 ETF
- 빅웨이브로보틱스(비상장)
- 에이딘로보틱스(비상장)

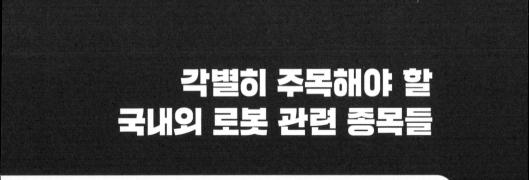

각별히 주목해야 할
국내외 로봇 관련 종목들

이번 장에서는 주목해야 할 한국 기업과 해외 기업, 그리고 대표 ETF와 앞으로 상장 가능성이 있는 유망한 비상장 기업에 대해 설명한다. 한국 기업으로는 레인보우로보틱스와 두산로보틱스, 에스피지를 소개한다. 이들 기업은 협동 로봇과 로봇 부품 분야에서 가장 대표적인 기업으로 볼 수 있다. 해외 기업으로는 일본의 화낙과 하모닉 드라이브 시스템스, 미국의 테라다인을 소개한다. 아직 해외에 로봇 기업이 그렇게 많이 상장되어 있지 않아 선택지가 다양하지 않은 점은 아쉬움으로 남는다. 하지만 구글과 테슬라 같은 빅테크, 모빌리티 기업들도 로봇 사업을 적극 추진하고 있으니, 해당 기업들을 로봇의 관점에서 바라보는 것도 의미가 있겠다. 마지막으로는 투자자들이 접근하기에 용이한 ETF로 한국의 KODEX K-로봇 액티브 ETF, 그리고 글로벌 ETF인 ROBO ETF를 정리했으며, 향후 상장 가능성까지 열어두고 볼 수 있는 한국의 대표 로봇 비상장 기업에 대해서도 간단히 소개했다.

레인보우로보틱스는 한국 최초의 휴머노이드 로봇인 휴보를 개발했으며, 다년간 축적한 로봇 기술력을 바탕으로 현재 협동 로봇 사업을 하고 있다.

두산로보틱스는 2017년에 협동 로봇을 처음 출시한 이후 현재까지 13개에 달하는 제품 라인업을 공개하며 빠르게 시장에 안착했다.

에스피지는 미래 신성장 사업으로 감속기 사업 확대를 추진중이며, 하모닉 드라이브 감속기와 사이클로이드 감속기 모두 양산에 성공했다.

일본의 화낙은 세계 산업용 로봇 시장을 이끄는 로봇계의 거장으로, 2023년 기준 산업용 로봇 누적 공급 대수가 무려 100만 대를 기록했다.

소형 정밀 감속기 전문 기업인 일본의 하모닉 드라이브 시스템스는 소형 정밀 감속기 시장 점유율을 약 70%나 차지하고 있다.

삼성자산운용이 출시한 KODEX K-로봇액티브는 액티브 ETF로 로봇 산업 관련 국내 기업들에 투자할 수 있는 대표적인 ETF 상품이다.

한국뿐만 아니라 글로벌 로봇 시장 전체에 대한 투자를 원한다면, 글로벌 로봇 ETF를 주목해보자. 대표적인 상품으로 ROBO와 BOTZ가 있다.

레인보우로보틱스

로봇 종합 기업으로 성장하는 한국 굴지의 로봇 기업

기업 개요

레인보우로보틱스는 2011년 카이스트 내 로봇 연구소인 휴보랩에서 스핀오프(spin-off)되어 설립된 로봇 전문 기업이다. 한국 최초의 휴머노이드 로봇인 휴보를 개발했다. 휴보는 세계 최대 로봇 대회인 다르파 챌린지에서 우승을 차지할 정도로 높은 로봇 기술력을 입증했다.

다년간 축적해온 로봇 기술력을 바탕으로 현재 협동 로봇 사업을 영위하고 있다. 그 밖에 4족 보행 로봇과 서빙 로봇, 물류 로봇 등 다양한 로봇 플랫폼 확보를 통해 종합 로봇 플랫폼 기업으로 거듭나고 있다.

레인보우로보틱스 주가 추이

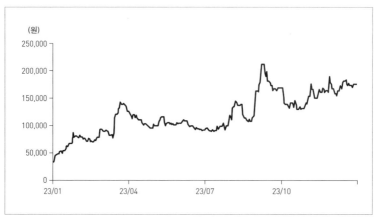

출처: 퀀티와이즈, 유진투자증권

기업 실적 현황 및 전망

2022년 연간 매출액은 136억 원, 영업이익 13억 원을 기록했다. 매출액은 전년 대비 52% 증가하고, 영업이익은 2021년 적자에서 흑자로 전환되었으나, 아직 실적의 외형 규모는 작은 편이다.

매년 두 자릿수 이상의 실적 성장률을 기록하고 있고, 매출 규모가 크지 않은 가운데 영업이익률 10% 수준이 지속되는 점은 향후 매출 성장에 따라 높은 이익 레버리지 효과를 기대할 수 있는 부분이다.

사업 전망

동사의 강점은 로봇 팔과 다리, 손에 대한 하드웨어 기술과, 이들을 제어하기 위한 소프트웨어 기술을 모두 내재화하고 있다는 것이다.

심지어 로봇에 필요한 모터와 제어기기, 센서 등을 자체 개발해 원가 절감을 실현해 높은 가격 경쟁력과 적은 매출에도 이익을 낼 수 있는 구조를 갖추었다. 향후 로봇의 핵심 부품인 감속기 부품까지도 내재화할 계획이다.

협동 로봇 사업을 주축으로, 2022년 4족 보행 로봇, 2023년 서빙 로봇을 공개했으며, 2024년 상반기에는 물류 로봇을 출시할 예정이다. 4족 보행 로봇은 높은 보행 능력을 갖춘 로봇 플랫폼으로 민간 서비스 시장 개화 이전에 먼저 관용 수요 확보가 기대되고 있다. 현재 4족 보행 로봇 플랫폼을 활용해 현대로템과 함께 군용 로봇 개발을 진행하고 있으며, 소방청과 소방 로봇 연구개발 과제를 수행하고 있다.

서빙 로봇의 경우, 마찬가지로 자체 개발 부품을 활용해 원가율을 획기적으로 낮추었다. 중국산 로봇보다도 더 저렴한 가격으로 판매할 계획으로, 한국 시장에서 높은 점유율을 기록하고 있는 중국산 로봇에 대한 점유율 탈환이 기대된다.

협동 로봇과 서빙 로봇, 그리고 물류 로봇까지 현재 로봇 시장에서 가장 주목받고 있는 로봇 분야에 발 빠르게 대응할 수 있는 능력을 보여주고 있다. 이는 로봇에 대한 핵심 기술을 확보하고 있는 레인보우로보틱스의 최대 강점으로 꼽힌다.

참고로 협동 로봇 사업의 경우, 2023년 북미 법인을 설립해 해외 진출을 가속화하고 있고, 2024년에는 20kg 이상의 고가반하중 라인업을 출시할 예정이다. 장기적으로는 로봇 자체 무게(자중)를 크게 낮춘 경량 로봇까지 라인업을 확장할 계획이며, 2024년에는 휴머노이드의 상반신에 해당하는 양팔 로봇을 공개해 경쟁력을 강화할 전망이다.

마지막으로, 2023년 2차례에 걸쳐 삼성전자의 지분 투자가 이루어진 점을 빼놓을 수 없다. 현재 삼성전자의 레인보우로보틱스 지분율은 약 15% 수준이다. 양사 간 협력 내용은 아직 구체적으로 밝혀지지 않았지만, 레인보우로보틱스의 로봇을 활용한 삼성 그룹의 자동화 추진, 미래 로봇 기술 개발 협력 등 2가지 이유에서 투자가 진행된 것으로 생각된다. 삼성전자와의 협력은 미래 실적 성장에 긍정적 영향을 미칠 뿐만 아니라, 한국의 로봇 산업을 이끌어갈 수 있는 리딩 컴퍼니로 발돋움할 수 있는 기회로 작용할 것이다.

두산로보틱스

해외에서도 인정받은 국내 유일의 로봇 기업

기업 개요

두산로보틱스는 2015년에 설립된 국내 대표 협동 로봇 기업이다. 2023년 10월에는 국내 로봇 기업 중 처음으로 코스피 시장에 성공적으로 상장했다. 동사는 2017년에 협동 로봇을 처음 출시한 이후 현재까지 13개에 달하는 제품 라인업을 공개하며 빠르게 시장에 안착했다.

북미 법인 설립 등 사업 초기부터 글로벌 시장에 적극적으로 진출을 시도해, 국내 기업 중에서는 유일하게 해외 인지도를 확보하고 있다. 동사 매출에서 수출이 차지하는 비중은 60~70% 수준이며, 글로벌 시장 점유율은 약 4~5%이다.

두산로보틱스 주가 추이

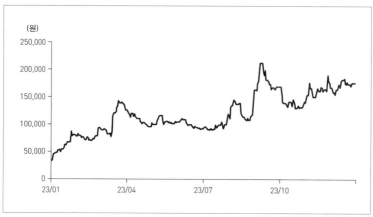

출처: 퀀티와이즈, 유진투자증권

기업 실적 현황 및 전망

2022년에 연간 매출액은 450억 원, 영업손실 132억 원을 기록했다. 매출 규모는 국내 경쟁사와 비교해 압도적으로 크지만, 아직 이익이 나지 않고 있다. 하지만 2023년에 매출액 670억, 2024년에 매출액 1,172억이 예상되고, 2024년부터는 영업이익 기준 흑자 전환이 이루어질 것으로 예측된다. 빠른 매출 성장과 흑자 전환이 기대되는 것이다.

2023년 3분기까지의 누적 실적은 매출액 362억 원을 기록했다. 고금리 상황의 지속과 경기 불확실성의 확대 영향으로 주요 고객사들의 로봇 도입 의사결정이 지연되면서 부진한 실적을 기록했지만, 협동 로봇 산업 전체가 2023년 10~15% 역성장할 것으로 전망되는 가운데, 연간 매출 기준으로 성장세를 이어가고 있다는 점을 주목할 만하다.

사업 전망

동사는 상장 당시 주요 성장 전략으로 (1) 판매 채널 확대(2022년 89개 →2027년 273개), (2) 협동 로봇 라인업 확대(2022년 13개 →2026년 17개), (3) 솔루션 확대(협동 로봇을 활용한 F&B 및 물류 솔루션), (4) SW 판매 및 생태계 확보(로봇 SW 판매, 다트 스위트 플랫폼 출시), (5) M&A(물류 로봇 기업 등에 2,250억 원 규모의 투자), (6) 생산 능력 증강(2023년 연간 3,200대 →2026년 연간 1만 1,000 대)을 제시했다.

참고로 2027년에는 매출액 7,663억 원을 기록할 것으로 전망했 으며, 세부적인 매출 계획을 보면 협동 로봇 매출 3,308억 원, 협동 로봇 솔루션 판매 1,640억 원, 신사업 매출인 리커링(Recurring) 매 출(SW 판매/렌탈 등) 1,168억 원, 스마트 팩토리 448억 원, 물류 로봇 1,100억 원 등으로 예상하고 있다.

협동 로봇 시장에서 경쟁사 대비 경쟁력을 유지하기 위해서는 남 다른 전략이 필요할 것이다. 두산로보틱스는 협동 로봇 보급 확대를 위해 솔루션 단위의 표준화된 활용법을 제시하고 있으며, 동시에 다 트 스위트로 불리는 어플리케이션 생태계 구축을 통해 SW 플랫폼 비즈니스에도 조기 진출하고 있다.

2023년 성공적인 코스피 상장을 통해 조달한 자금을 활용해 협동 로봇 시장으로의 침투를 가속화하고 솔루션 및 플랫폼 비즈니스와 더불어 로봇 포트폴리오를 다각화하는 등 사업 확대를 통한 중장기적인 경쟁력 확보가 기대된다.

에스피지

한국의 국가 대표급 감속기 기업

기업 개요

에스피지는 AC/DC 기어드 모터와 BLDC 모터를 비롯한 모터 사업을 중심으로 성장해온 기업으로, 현재 동사의 모터는 가전 분야와 산업 자동화 분야 등에서 널리 활용되고 있다. 여기에 미래 신성장 사업으로 감속기 사업 확대를 추진하고 있으며, 이미 하모닉 드라이브 감속기와 사이클로이드 감속기의 양산에 모두 성공해 국내 고객사에 납품 사례를 다수 확보하기 시작했다.

기업 실적 현황 및 전망

2022년 연간 매출액 4,405억 원, 영업이익 255억 원을 기록했다. 매출액은 전년 대비 6%, 영업이익은 8% 증가했다. 하지만 2023년에

에스피지 주가 추이

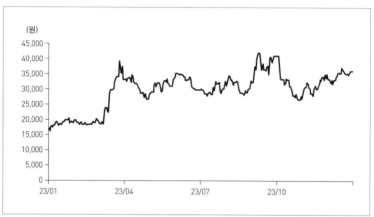

출처: 퀀티와이즈, 유진투자증권

는 3분기 누적으로 매출액 2,968억 원, 영업이익 133억 원을 기록해 전년 대비 역성장 기조를 보이고 있다. 산업 자동화 등 주요 부문의 전방 업황이 부진한 영향이 크지만, 2024년도 이후 전방 산업의 투자 활성화에 따라 실적 회복세가 기대된다. 중장기적으로는 2022년 수준의 매출 외형을 유지하면서, 저수익 제품에 대한 구조조정을 통해 고마진 중심으로의 사업 체질 변화가 이루어질 전망이다.

사업 전망

동사의 차세대 성장 동력은 감속기 사업이다. 아직 전체 사업 규모에서 차지하는 비중도 작고, 감속기 분야에서는 일본 기업이 압도적인 강세를 보이고 있지만 하모닉 드라이브 감속기와 사이클로이드 감속기를 모두 국산화에 성공해 납품 실적을 쌓아가고 있는 상황이다. 연간 생산 능력 또한 지속적으로 확장 중에 있으며, 일본 경쟁사 대비 저렴한 가격과 납기 대응을 강점으로 중장기적인 감속기 채용 확대를 기대해볼 수 있다.

향후 협동 로봇뿐만 아니라 웨어러블 로봇, 다족 보행 로봇 등 다양한 로봇 유형으로의 판매 확대를 추구하고 있다. 전방의 국내 로봇 기업들이 성장한다면 동행해 성장할 수 있는 기업으로 주목할 필요가 있다.

화낙(일본)

협동 로봇 패권에도 도전하는 로봇계의 거장

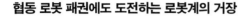

기업 개요

화낙은 과거 후지츠의 NC(Numeric Control, 수치 정보를 바탕으로 공작기계를 제어하는 것) 개발 부문에서 시작해 1972년 후지츠에서 독립해 설립되었다. 일본의 대표적인 자동화 전문 제조 기업으로, 동사의 사업구조는 FA 사업부(Factory Automation), 로봇 사업부, 로보 머신사업부로 구성되어 있다.

FA 사업부에서는 공작기계와 로봇 제어의 기본이 되는 CNC와 서보모터를 제조한다. 로봇 사업부와 로보 머신 사업부에서는 FA 사업부의 기본 기술을 응용해 각각 산업용 로봇과 공작기계를 제조한다.

높은 기술력과 신뢰성을 바탕으로 스위스 ABB 및 일본 야스카와

화낙 주가 추이

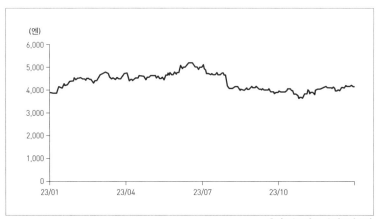

출처: 블룸버그, 유진투자증권

전기 등과 함께 세계 산업용 로봇 시장을 이끌어가고 있는 로봇계의 거장으로, 2023년 기준 산업용 로봇 누적 공급 대수가 무려 100만 대를 기록했다.

2022년 연간 기준으로 각 사업부문별 비중은 FA가 29%, 로봇 42%, 로보 머신 16%, 서비스 13%으로 로봇 사업 비중이 가장 높고, 지역별 비중은 일본 15%, 미주 23%, 유럽 17%, 중국 29%, 아시아 15%, 기타 1%로 미주 지역과 중국 지역의 노출도가 높은 편이다.

기업 실적 현황 및 전망

화낙이 2022년에 기록한 연간 실적은 매출액 8,520억 엔, 영업이익 1,914억 엔(영업이익률 22.5%)으로 매출액은 2021년 대비 16% 증가했고, 영업이익은 4% 증가했다. 코로나 이후 자동화 수요가 증가하면서 크게 늘어난 신규 수주 및 수주 잔고를 바탕으로 실적 성장을 달성했다.

최근 전방 산업의 경기 악화, 고금리 지속에 따른 로봇 투자 심리 악화의 영향으로 2023년 연간 실적은 전년 대비 역성장을 기록할 것으로 전망되고 있다. 2023년 2분기 기준 연간 실적 가이던스는 매출액 7,580억 엔, 영업이익 1,219억 엔으로 전년 대비 각각 11%, 36% 감소할 것으로 예상된다.

사업 전망

현재 실적 조정 구간을 지나고 있지만, 이는 일시적 조정으로, 지속적으로 증가하고 있는 로봇/자동화 수요 흐름과 함께 중장기적인 성장이 기대된다. 2024년도 이후 경기 침체 국면이 종료되고 기업들의 설비 투자 사이클이 상승 사이클로 전환되면, 화낙의 수주 및 실적 또한 우상향 추세로 돌아설 것으로 예상된다.

화낙은 전기자동차 생산라인 전용 로봇과 고중량 협동 로봇 등 지속적으로 신규 제품 라인업을 확충하고 있다. 또한 로봇 생산 능력을 월 1.1만 대 수준에서 향후 1.65만 대까지 강화하는 등 성장하는 로봇 시장에 강력하게 베팅하고 있다.

특히 협동 로봇 분야에서는 기존의 전통 산업용 로봇 고객사들을 대상으로 협동 로봇 영업을 적극 실시하고, 주요 로봇 및 자동화 전시전에서 협동 로봇을 주력 아이템으로 공개하고 있다. 협동 로봇 분야가 전통 산업용 로봇에 이은 미래 먹거리가 될 수 있을지 주목이 필요한 시점이다.

하모닉 드라이브 시스템스(일본)

감속기 시장 글로벌 점유율 1등 기업

기업 개요

하모닉 드라이브 시스템스는 1970년에 설립된 소형 정밀 감속기 전문 기업이다. 동사는 작고 가벼운 동시에 높은 정밀도를 자랑하는 다양한 감속기 제품 라인업(Harmonic Drive, AccuDrive, Planetary 등)과 압도적인 기술력을 바탕으로 소형 정밀 감속기 시장에서 점유율 약 70%를 차지하고 있다.

기업 실적 현황 및 전망

2022년 연간 매출액은 715억 엔, 영업이익 102억 엔을 기록하며 전년 대비 각각 25%, 17% 성장을 기록했다. 전방 산업인 로봇 시장의 호황이 지속되면서 로봇의 핵심 부품인 감속기 수요가 크게 증가한

하모닉 드라이브 시스템스 주가 추이

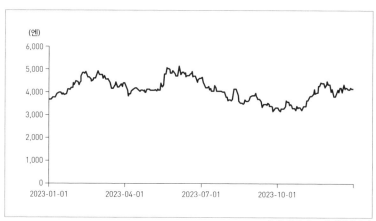

출처: 블룸버그, 유진투자증권

영향이다. 다만 2023년에는 로봇 시장의 수요 둔화 흐름이 나타나면서 연간 실적 예상치는 매출액 550억 엔, 영업이익 -4억 엔으로 영업 손실을 기록할 전망이다.

　미래 실적의 바로미터로 볼 수 있는 수주 잔고는 2022년 1분기 이후 지속적으로 감소하다가 2023년 1분기와 2분기에 연속으로 소폭 증가세를 기록하면서 완만한 회복세가 확인되고 있다. 동사의 본격적인 수주 실적 반등은 향후 고객사들의 감속기 재고에 대한 재고 조정이 이루어진 이후로 예상해볼 수 있는데, 빠르면 2024년 상반기 이후 시점으로 기대된다.

사업 전망

로봇에 모터가 활용되는 한 감속기에 대한 수요는 꾸준할 수밖에 없으므로, 감속기 분야에서 가장 신뢰도가 높은 하모닉 드라이브 시스템스의 중장기 성장 가능성은 명확하다. 특히 로봇 유형이 산업용 로봇과 같은 단순 팔 형태에서 휴머노이드와 같이 관절 수가 많은 로봇 유형으로 발전하면서 감속기 시장의 전체 파이가 크게 확대될 것으로 예상된다.

동사는 향후 수요 증가에 대비해 감속기 생산 능력 확장을 추진해 왔으며, 월간 생산량 기준 2018년 7.9만 대에서 2023년 16.5만 대로 2배 이상 늘어난 것으로 파악된다. 이뿐만 아니라 생산 인력의 부족 문제가 꾸준히 제기되어온 만큼 자사의 생산 라인에도 물류 로봇 등을 도입해 생산성 향상을 추진하고 있다.

다만 중국 등 경쟁사들이 급부상하고 있는 점은 리스크 요인이다. 특히 중국에서는 강력한 로봇 산업 육성 정책과 함께 자국산 로봇 부품 활용을 적극 장려하고 있는 상황으로, 최대 로봇 수요 시장인 중국에서 점유율 경쟁에 불이 붙기 시작하는 모양새다. 그동안 감속기 시장에서 오랜 기간 최강자의 자리를 누려온 하모닉 드라이브 시스템스에도 초소형 감속기 개발 등 경쟁력 확보에 대한 노력이 필요한 시점이 찾아왔다.

테라다인(미국)

반도체 검사 장비 업체에서 로봇 기업으로의 전환

기업 개요

테라다인은 1960년에 설립된 테스트 자동화 기기 및 산업 자동화 기기 분야의 대표 기업이다. 주력 사업 분야는 반도체 검사 장비 부문으로 SoC와 메모리(낸드, 플래시, D램) 검사에 강점을 두고 있으며, 경쟁사인 일본의 아드반테스트(Advantest)와 함께 반도체 검사 장비 시장을 양분하고 있다.

반도체 검사 장비 외에도 시스템 및 무선 장비 테스트 장비 라인업을 갖추고, 스토리지(HDD)와 방산/우주 관련 기기(계측 기기 등), 회로기판, 무선 장비(WiFi, 5G 통신장비) 검사 분야에서도 두각을 나타내고 있다.

2015년에는 세계 최대 협동 로봇 기업인 유니버설 로봇을, 2018

테라다인 주가 추이

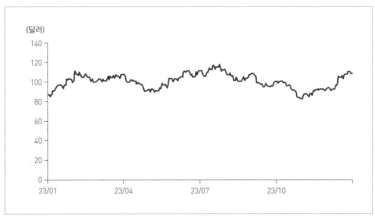

년에는 물류 로봇 기업 MiR를 인수하며 로봇 시장에도 진출해 첨단 산업 분야 전반을 아우르는 사업 포트폴리오를 갖추었다.

기업 실적 현황 및 전망

동사의 2022년 연간 매출액은 31.6억 달러, 영업이익 8.7억 달러를 기록하며 전년 대비 각각 15%, 29% 감소했다. 이는 전방의 반도체 및 스마트폰 등 주요 전자 기기의 업황이 침체된 영향이 가장 크며, 2023년에도 전년 대비 역성장 흐름이 지속될 것으로 예상된다. 다만 2023년도를 저점으로 2024년부터는 반도체 등 주요 전방 시장의 회복이 기대됨에 따라 실적 회복 흐름에 주목해볼 필요가 있을 것이다.

로봇 부문의 경우 2023년 3분기 실적에서는 매출액 실적이 전분기 대비 20% 증가하면서 타 부문 대비 빠른 실적 회복 기대감이 높아지고 있다. 유니버설 로봇은 전분기 대비 22%, MiR는 전분기 대비 10% 실적 반등을 기록했다.

특히 유니버설 로봇의 실적이 크게 개선된 데는 신규로 출시한 고가반하중 협동 로봇 라인업인 UR20의 본격 출하 개시가 이루어진 영향으로 보여진다. UR20은 3분기에만 약 300대가 팔렸다.

4분기에는 약 2배에 달하는 판매 실적을 기록할 것으로 기대된다. 2023년 4분기 실적에서 로봇 부문의 매출액은 전년 대비 10% 증가한 수치일 것으로 전망된다.

사업 전망

테라다인은 테스트 자동화 분야에서의 경쟁력 제고와 고성장 첨단 플랫폼 사업으로의 다각화를 목표로 유니버설 로봇과 MiR를 인수하며 로봇 시장에 뛰어들었다. 이후에도 에너그리드(로봇 SW), 오토가이드(고중량 자율주행 로봇)와 같은 로봇 기업에 잇달아 투자를 실시하며, 로봇의 팔과 다리, SW를 모두 갖춘 로봇 종합 기업으로 탈바꿈했다.

아직은 테스트 장비가 주력 사업이지만, 향후 로봇 사업 부문의 매출액이 2022~2026년 연평균 성장률 20~30%로 빠르게 성장할 전망이다. 2022년 기준 전체 매출 중 로봇 사업 비중 13% 수준에서, 2026년에는 약 19% 수준으로 증가해 로봇 사업에 대한 프리미엄을

향유할 것으로 기대된다.

특히 동사의 주력 로봇 기업인 유니버설 로봇은 현재 글로벌 시장 점유율 30~40%를 차지하며 1위를 수성하고 있다. 2023년에는 20kg 가반하중, 2024년에는 30kg 가반하중 라인업을 공개하는 등 라인업 확충을 실시하고 있으며, 현재 150여 개의 판매 네트워크를 바탕으로 견고한 판매 기반을 확보해 중장기 성장을 위한 경쟁력 확보를 지속하고 있다.

KODEX K-로봇액티브 ETF

뭘 살지 고민된다면 로봇 ETF를 사자

종목 개요

KODEX K-로봇액티브는 삼성자산운용이 출시한 로봇 산업 관련 국내 기업들에 투자할 수 있는 대표적인 ETF 상품이다.

ETF란 특정 지수를 추종하는 인덱스 펀드를 거래소에 상장시켜 주식처럼 거래할 수 있도록 만든 펀드로, 일반적인 주식 상품처럼 실시간 거래가 가능하다는 특징을 가지고 있다. ETF는 추종하는 지수의 구성 종목들을 담고 있기 때문에 ETF에 투자함으로써 해당 구성 종목 전체를 매수하는 성격을 가진다는 차원에서 분산 투자와 유사한 효과를 얻을 수 있다.

KODEX K-로봇액티브는 액티브 ETF로 비교지수(iSelect K-로봇테마 지수) 대비 초과 수익 확보를 추구한다. 기본적으로 비교지수 내 비

KODEX K-로봇액티브 ETF의 종목별 구성 비중

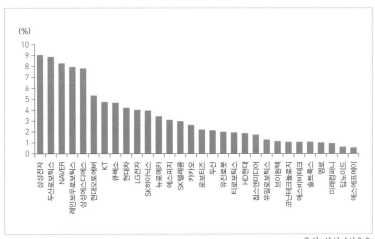

출처: 삼성자산운용

중이 큰 종목을 우선적으로 선정하지만, 삼성자산운용이 개별 종목
에 대한 투자 판단을 통해 알파를 추구하는 형태이다.

중장기적인 고성장이 가능하고, 높은 시장 경쟁력과 함께, 신규 비
즈니스의 기회 창출 능력을 보유하면서도, 적극적으로 R&D를 수행
하는 기업들을 중심으로 포트폴리오에 편입하는 알파 창출 전략을
채택하고 있다.

현재 투자 종목을 살펴보면, 삼성전자와 네이버, 현대자동차, LG
전자 등 로봇 관련 대형 종목과 더불어, 두산로보틱스와 레인보우로
보틱스, 큐렉스, 뉴로메카, 에스피지 등 로봇 전문 기업이 큰 비중으
로 다수 편입되어 있다.

전체 포트폴리오 중 로봇 전문 기업의 구성 비중은 약 30% 수준

으로 결코 적지 않다. 국내 로봇 산업에 투자하고 싶지만 개별 종목에 대한 투자가 부담스럽다면, 로봇 ETF에 투자하는 것도 좋은 선택이 될 수 있다.

해외 로봇 ETF

글로벌 로봇 시장에 투자하는 지름길

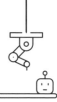

종목 개요

한국뿐만 아니라 글로벌 로봇 시장 전체에 대한 투자를 원한다면, 글로벌 로봇 ETF를 주목해보자. 대표적인 글로벌 로봇 ETF로는 ROBO(ROBO Global Robotics and Automation Index ETF)와 BOTZ(Global X Robotics & Artificial Intelligence ETF)가 있다.

ROBO와 BOTZ는 산업용 로봇, 서비스 로봇, 자동화, 자율주행차 관련 기업을 투자 포트폴리오로 구성한다는 공통점이 있다. 하지만 투자 전략에서는 극명한 차이점이 존재한다.

ROBO는 대부분의 종목에 대해 1~2% 수준의 균일한 비중으로 초분산 투자가 이루어지며, 상위 10개 기업의 비중이 18% 내외 수준으로 집중도가 낮다. BOTZ는 대형 종목 중심으로 구성되어 있으

ROBO ETF 구성 종목 리스트

종목명	비중
AZENTA INC	2.1%
ILLUMINA INC	1.8%
ZEBRA TECH CORP	1.7%
INTUITIVE SURGICAL INC	1.7%
ROCKWELL AUTOMATION	1.7%
KARDEX HOLDING AG	1.7%
HEXAGON AB-B	1.7%
TERADYNE INC	1.7%
NOVANTA INC	1.7%
COGNEX CORP	1.7%
기타	82.3%

출처: 미래에셋자산운용

BOTZ ETF 구성 종목 리스트

종목명	비중
NVIDIA CORP	14.2%
INTUITIVE SURGICAL INC	9.9%
ABB LTD-REG	9.0%
KEYENCE CORP	7.0%
FANUC CORP	5.8%
UIPATH INC – CLASS A	4.9%
DYNATRACE INC	4.8%
SMC CORP	4.0%
YASKAWA ELECTRIC CORP	4.0%
OMRON CORP	3.3%
기타	33.1%

출처: 미래에셋자산운용

며, 상위 10개 기업의 비중이 70% 내외 수준으로 집중도가 높은 편이다.

적극적인 분산 투자를 통해 로봇 산업의 흐름에 동행하고 싶다면 ROBO를 선택하는 것이 좋을 것이다. 이와 달리 일부 대형주와 상위 핵심 기업에 집중적으로 투자하고 싶다면 BOTZ를 선택하는 것이 좋을 듯하다.

빅웨이브로보틱스(비상장)

플랫폼으로 로봇 시장의 한계를 극복한다

기업 개요

빅웨이브로보틱스는 로봇 산업 성장에 보틀넥으로 작용하고 있는 시장의 투명성에 대한 과제를 플랫폼으로 풀어내려고 시도하고 있는 기업이다. 현재 마이로봇솔루션(일명 마로솔)이라는 이커머스플랫폼과 중고 마켓 플랫폼을 운영하고 있다.

통상적으로 로봇 제조 업체들은 로봇 SI 기업을 통해서 최종 고객에게 로봇 제품을 판매하게 된다. 하지만 로봇 시장에 처음 진입하는 수요자들에게는 로봇 구매에 대한 진입 장벽이 아직까지도 매우 높은 상황이다.

이러한 한계에 주목한 빅웨이브로보틱스는 '이커머스'라는 그동안 로봇 시장에서 찾아보기 힘들었던 새로운 개념의 로봇 유통 방식을 선도하고 있다.

2023년 기준으로 수백여 개에 달하는 공급 기업과 수만 개에 달하는 수요 기업과의 막대한 네트워크를 형성하고, 공급 기업과 수요 기업의 효과적인 매칭을 실현하는 서비스를 목표로 하고 있다. 협동 로봇부터, 서빙 로봇, 산업용 로봇, 웨어러블 로봇 등 다양한 로봇 제품을 취급하고 있으며, 로봇 구매에 대한 금융 솔루션, 보험과 같은 RaaS를 통합해 제공하고 있는 점도 강점이다.

최근에는 다양한 로봇 유형들을 통합해 관제할 수 있는 이기종 통합 관제 시스템(솔링크)의 상용화에 성공했다. 공급 기업과 수요 기업에 대한 정보와 로봇 산업에 대한 데이터가 축적되고 있는 점은 향후 다양한 비즈니스 전개를 뒷받침할 수 있을 것으로 기대된다.

에이딘로보틱스(비상장)

감각을 느끼는 로봇, 에이딘로보틱스가 함께한다

기업 개요

에이딘로보틱스는 성균관대 로보틱스 연구소에서 스핀오프되어 설립된 기업으로, 토크 센서와 힘/토크 센서등을 개발해 판매한다. 로봇이 사람과 가까운 거리에서 작업을 하기 위해서는 더욱 높은 안전성을 확보할 필요가 있는데, 여기서 가장 중요한 점은 로봇이 감각을 느끼게 하는 것이다.

현재까지는 외력에 대해 모터에서 감지되는 전류의 변화를 바탕으로 접촉을 감지해왔지만, 로봇이 무거운 물건을 들 경우에는 로봇에 탑재되는 감속기의 크기가 커져 정확한 감지가 어려워진다는 한계가 있었다. 그리고 비정형 물건을 파지하는 등 섬세한 작업을 수행하기 위해서는 단순 시각 정보만으로는 달성하기가 어려워 로봇이 촉각을 느낄 필요가 있는데, 여기에 필요한 센서가 바로 힘/토크 센서이다.

에이딘로보틱스는 현재 경쟁사 대비 저렴한 제품 가격과 우수한 성능을 갖춘 센서 제품 라인업을 갖추고 있다. 장기적으로는 힘/토크 센서를 활용한 모듈형 부품(로봇 손 등)과 다족 보행 로봇, 그리고 센서를 활용하기 위해 필요한 SW 등 폭넓게 로봇 사업을 추진할 예정이다.

사주명리학으로 보는 나만의 맞춤 주식투자 전략

나의 운을 알면 오르는 주식이 보인다　　　　양대천 지음 | 값 21,500원

주식시장에서 살아남기 위해서 우리는 무엇을 해야 할까? 이 책은 그 해답을 사주명리학에 입각한 과학적 접근을 통해 풀어내고 있다. 예측 불허의 변수들로 점철된 주식시장에서 사주명리학의 도움을 받아 자신의 운을 먼저 살펴보고 그 후에 어느 시기에 어떤 주식을 사고팔지를 결정하는 방법을 소개하고 있다. 한마디로 자신의 운의 큰 흐름을 알고 그 운을 주식에서 백분 활용하는 방법을 알게 될 것이다.

'염블리' 염승환과 함께라면 주식이 쉽고 재미있다

주린이가 가장 알고 싶은 최다질문 TOP77 2

염승환 지음 | 값 19,000원

『주린이가 가장 알고 싶은 최다질문 TOP77』의 후속편이다. 주식 초보자가 꼭 알아야 할 내용이지만 1편에 다 담지 못했던 내용, 개인 투자자들의 질문이 가장 많았던 주제들을 위주로 담았다. 저자는 이 책에 주식 초보자가 꼭 알아야 할 이론과 사례들을 담았지만 주식투자는 결코 이론만으로 되는 것이 아니므로 투자자 개개인이 직접 해보면서 경험을 쌓는 것이 중요함을 특별히 강조하고 있다.

김학주 교수가 들려주는 필승 투자 전략

주식투자는 설렘이다　　　　김학주 지음 | 값 18,000원

여의도에서 손꼽히는 최고의 애널리스트로서 펀드매니저부터 최고투자책임자에 이르기까지 각 분야에서 최고를 달린 김학주 교수가 개인투자자들을 위한 투자전략서를 냈다. '위험한' 투자자산인 주식으로 가슴 설레는 투자를 하고 수익을 얻기 위해서는 스스로 공부하는 수밖에 없다. 최고의 애널리스트는 주식시장의 흐름을 과연 어떻게 읽는지, 그리고 어떤 철학과 방법으로 실전투자에 임하는지 이 책을 통해 배운다면 당신도 이미 투자에 성공한 것이나 다름이 없을 것이다.

인플레이션 시대를 이겨내는 스마트한 투자법

AI도 모르는 부의 비밀　　　　손병택(블랙) 지음 | 값 18,000원

돈 버는 투자에 힘을 실어주는 책이다. 수익을 극대화할 수 있는 투자하기 편한 환경은 거시경제로 알 수 있다. 거시경제의 흐름에 기반해 투자 전략을 제시한 유튜브 '블랙, 쉽게 배우는 재테크'의 운영자 손병택(블랙)이 인플레이션 시대의 투자에 대해 말한다. 이 책은 위기와 기회가 모두 공존해 있는 이 상황에서 현재와 미래의 투자에 고민 중인 사람들에게 성공적인 투자를 위한 투자전략을 제시한다.

AI로 그리는 부의 미래

AI에게 AI의 미래를 묻다

인공 지음 | 값 18,800원

챗GPT와의 생생한 대화를 통해 인공지능이 어떻게 작동하고, 우리 삶에 얼마나 침투했으며, 어떤 영향을 미치는지 탐구함으로써 인공지능을 긍정적으로 활용할 수 있는 통찰을 주는 책이다. 챗GPT뿐만 아니라, 구글 '바드'와의 대화를 통해 챗GPT와는 다른 장점과 특성을 탐구하며 그 성능과 함께 새로운 시장을 개척할 길도 살펴본다. 이 책을 통해 인공지능 시대에 대한 막연한 두려움보다는 인공지능을 좀 더 친근하게 맞이할 수 있을 것이다.

성공 주식투자를 위한 네이버 증권 100% 활용법

네이버 증권으로 주식투자하는 법

백영 지음 | 값 25,000원

이 책은 성공적인 주식투자를 위한 네이버 증권 100% 활용법을 알려준다. 주식투자, 어렵게 생각할 것이 없다! 네이버를 통해 뉴스를 접한 후 네이버 증권으로 종목을 찾아 투자하고, 네이버 증권에서 제공하는 차트로 타이밍에 맞춰 매매하면, 그것만으로도 충분하다. 이 책을 통해 현재의 주식시장을 이해하고, 스스로 돈 되는 종목을 찾아 싸게 사서 비싸게 하는 방법을 배운다면 성공 투자로 나아갈 수 있을 것이다.

인공지능 시대의 스마트한 공부법

챗GPT로 공부가 재미있어집니다

박경수 지음 | 값 17,000원

이 책은 미래사회의 주역인 십대를 대상으로 AI 챗봇 서비스 '챗GPT'를 활용한 공부법과 직업전망, 미래핵심역량 등 챗GPT가 가져올 여러 변화들을 '교육'의 관점에서 탐구하는 청소년 필독서다. 저자는 실제 챗GPT와 주고받은 대화를 예시로 보여주며 독자들의 이해를 돕는다. '잘' 질문하는 법을 알려주는 이 책을 따라 챗GPT를 200% 활용할 수 있다면 챗GPT 시대에 맞는 창의적인 인재로 거듭날 수 있을 것이다.

챗GPT 초보자가 가장 궁금해하는 것들

세상에서 가장 쉬운 챗GPT

김유성 지음 | 값 18,900원

빠르게 발전하는 인공지능 세계에서 최근 챗GPT가 이슈다. 이 책은 인공지능이 어렵게 느껴지는 일반인들이 챗GPT를 쉽게 이해할 수 있도록 챗봇의 기초지식에서부터 역사, 활용법까지 그리고 챗GPT가 우리 사회의 산업 구조, 일자리 시장을 어떻게 변화시킬 것인가에 대해서도 상세히 다루는, 챗GPT를 이해하고 활용할 수 있도록 돕는 완벽한 입문서다. 이 책을 통해 챗GPT가 단순히 호기심과 신기함의 대상을 넘어 어떻게 인간 삶의 조력자가 되는지를 알아보자.

가상현실 기술이 도시의 미래를 바꾼다

서울대 권영상 교수의 가상현실과 미래도시 수업

권영상 지음 | 값 19,800원

이 책은 가상현실이 도시와 인류의 미래를 어떻게 변화시킬지에 대한 전망을 기술의 현재 활용사례 및 영화와 게임 속 가상세계를 빌려와 구체적으로 제시한다. 저자는 가상현실 기술이 현실세계에서 어떤 의미를 가지며 여러 도시문제를 어떻게 해결해줄지에 대한 가능성을 탐구한다. 우리는 이 친절한 '가상현실과 미래도시 수업'을 통해 가상현실이 무엇이고 어떤 기술들을 기반으로 하는지, 또 그것이 인간 삶에 어떤 효용을 가져다줄지 등을 예측할 수 있을 것이다.

싸게 사서 비싸게 파는 최강의 실전 트레이딩 스킬

주식 멘토 김현구의 주식 잘 사고 잘 파는 법

김현구 지음 | 값 19,000원

'이데일리TV' '머니투데이' 등의 방송과 유튜브 '김현구 주챔TV'에서 초보투자자들의 코치로 이름을 떨친 주식 전문가 김현구의 첫 책이 출간되었다. 20년 넘게 투자자들의 아픔과 기쁨을 함께 느끼면서 진실한 주식 멘토로 자리매김해온 저자는 이 책에서 매매에 나선 개인투자자들이 알아두어야 할 주식의 기본원칙은 물론 시장파악, 종목발굴, 마인드 세팅 등 실전 매매기술과 관련된 모든 노하우를 공유한다.

무극선생 이승조의 주식투자의 기본

이승조 지음 | 값 19,800원

이 책에는 실전투자 38년의 최고 전문가 무극선생의 투자철학이 담겨 있다. 저자 무극선생 이승조는 "단언컨대 주식시장에 기본은 있지만 비법은 없다"는 진리를 바탕으로 투자를 하는 데 정답은 없으며 '기본기'가 가장 중요함을 강조한다. 주식투자의 제대로 된 마인드부터 매매법까지, 무극선생만의 실전투자 노하우가 100% 담긴 이 책은 많은 독자들이 투자의 기본을 체화하고 투자에 성공해 자신이 원하는 바를 이루도록 도울 것이다.

황족의 한 권으로 끝내는 차트투자

오르는 주식을 사들이는 차트매매법

황족 지음 | 값 19,000원

진정성 있는 주식정보를 제공해 많은 주식 투자자들에게 사랑받는 황족의 두 번째 저서가 출간되었다. 이 책에서는 그동안 저자의 투자 승률을 높여준 60가지 차트매매 기술을 총정리했다. 반드시 알아야 할 주식투자 기초 지식, 주가 흐름의 분석 기준, 종목과 수급의 고찰, 매수·매도 타이밍 잡는 법, 멘탈 관리법 등을 담아낸 이 책을 통해 자신만의 투자법을 정립해나간다면 주식시장 상황이 어떠하든 살아남을 수 있을 것이다.

인공지능이 궁금한 사람이라면 꼭 알아야 할 기본

나의 첫 인공지능 수업

김진우 지음 | 값 18,000원

인터넷과 TV는 물론이고 각국에서도 모두 인공지능 기술을 이야기한다. 이 책은 인공지능의 탄생 배경부터 응용 분야, 최신 동향, 앞으로의 발전 가능성까지 고루 다루고 있다. 다양한 예시와 함께 개념을 명료하게 정리하여 독자들의 이해를 돕고, 발전 방향과 사용법까지 체계적으로 설명한다. 인공지능의 과거, 현재, 미래를 집약한 이 책을 통해 미래 기술의 시야를 넓혀보고, 앞으로 펼쳐질 무한한 가능성을 받아들일 준비를 해보자.

주식투자에 꼭 필요한 재무제표만 담았다

주식 초보자가 가장 알고 싶은 재무제표 최다질문 TOP 52

양대천 지음 | 값 18,000원

주식투자들이 필요로 하는 웬만한 자료는 재무제표에 다 들어 있다. 이 책은 복잡한 재무제표에서 오직 주가와 관련된 중요항목들을 읽는 요령만 알차게 담았다. 회계에 대한 기초지식이 전혀 없어도 쉽게 이해할 수 있도록 초보자 눈높이에 맞춰 설명하며, 재무제표에 관한 여러 가지 궁금증들에 대해 명쾌하게 답한다. 이 책을 통해 재무제표의 기초지식을 갈고닦아 자신만의 중심을 잡고 투자하는 현명한 투자자로 거듭나보자.

ETF 투자자라면 꼭 알아야 할 핵심만 담았다!

ETF 초보자가 가장 알고 싶은 최다질문 TOP 56

나수지 지음 | 값 18,000원

주식투자를 처음 시작하는 사람들에게 ETF란 낯선 단어다. 하지만 개인투자자에게 ETF는 무엇보다 주식투자를 쉽게 만들어주는 도구다. 이 책은 주식 초보투자자가 알아야 할 ETF의 정의부터 기본 운용 원리, 활용법, 종류, 투자 노하우 등에 대해 명쾌하고 친절하게 답하는 'ETF 교과서'이다. 길잡이 같은 이 책을 통해 기초 지식을 쌓아가다 보면 높은 수익률을 낼 수 있을 것이다.

이 책 한 권이면 주식시장 완전 정복!

주식 초보자를 위한 재미있는 주식어휘사전

황족 지음 | 값 17,000원

이 책의 저자인 황족은 국내 최대 규모의 주식커뮤니티 〈거북이 투자법〉에서 진정성 있는 주식정보를 제공하며 많은 투자자들로부터 절대적인 지지를 얻고 있다. 저자는 이 책에 주식 초보자들이 실패하지 않고 주식시장에 오래 남아 있을 수 있도록 꼭 알아야 할 내용들을 아낌없이 담았다. 어휘를 알아야 맥락이 보이는 법이다. 특히나 수익을 내기 위해 공부를 하고 싶은데 어떤 것부터 해야 할지 모르는 사람들이 꼭 읽어야 할 책이다.

■ 독자 여러분의 소중한 원고를 기다립니다

메이트북스는 독자 여러분의 소중한 원고를 기다리고 있습니다. 집필을 끝냈거나 집필중인 원고가 있으신 분은 khg0109@hanmail.net으로 원고의 간단한 기획의도와 개요, 연락처 등과 함께 보내주시면 최대한 빨리 검토한 후에 연락드리겠습니다. 머뭇거리지 마시고 언제라도 메이트북스의 문을 두드리시면 반갑게 맞이하겠습니다.

■ 메이트북스 SNS는 보물창고입니다

메이트북스 홈페이지 www.matebooks.co.kr

책에 대한 칼럼 및 신간정보, 베스트셀러 및 스테디셀러 정보뿐만 아니라 저자의 인터뷰 및 책 소개 동영상을 보실 수 있습니다.

메이트북스 유튜브 bit.ly/2qXrcUb

활발하게 업로드되는 저자의 인터뷰, 책 소개 동영상을 통해 책에서는 접할 수 없었던 입체적인 정보들을 경험하실 수 있습니다.

메이트북스 블로그 blog.naver.com/1n1media

1분 전문가 칼럼, 화제의 책, 화제의 동영상 등 독자 여러분을 위해 다양한 콘텐츠를 매일 올리고 있습니다.

메이트북스 네이버 포스트 post.naver.com/1n1media

도서 내용을 재구성해 만든 블로그형, 카드뉴스형 포스트를 통해 유익하고 통찰력 있는 정보들을 경험하실 수 있습니다.

STEP 1. 네이버 검색창 옆의 카메라 모양 아이콘을 누르세요. STEP 2. 스마트렌즈를 통해 각 QR코드를 스캔하시면 됩니다. STEP 3. 팝업창을 누르시면 메이트북스의 SNS가 나옵니다.